Von der Postdemokratie zur Neodemokratie

Klaus von Beyme

Von der Postdemokratie zur Neodemokratie

 Springer VS

Dr. Klaus von Beyme
Heidelberg, Deutschland

ISBN 978-3-658-00980-9   ISBN 978-3-658-00981-6 (eBook)
DOI 10.1007/978-3-658-00981-6

Die Deutsche Nationalbibliothek verzeichnet diese Publikation in der Deutschen Natio-
nalbibliografie; detaillierte bibliografische Daten sind im Internet über http://dnb.d-nb.de
abrufbar.

Springer VS

Springer VS ist eine Marke von Springer DE. Springer DE ist Teil der Fachverlagsgruppe
Springer Science+Business Media.
www.springer-vs.de

Inhalt

1 Die Debatte um die Postdemokratie und die Tradition der Niedergangsszenarien

1.1 Das Niedergangsszenario „Postdemokratie"

Der Demokratiebegriff wird nach Ansicht einiger Kritiker durch seine Mehrdeutigkeit verfälscht, da er immer in zwei Versionen auftritt: als Verfassung des Gemeinwesens oder als Verwaltungspraxis. Die zweite Version überwiegt laut Agamben (2012: 9). Dabei wurde unterstellt, dass das Zentrum der Maschine leer bleibt, weil zwischen beiden Begriffen keine Vermittlung möglich sei. Dass die verschiedenen Wissenschaften mit unterschiedlichen Ansätzen an den Demokratiebegriff herangehen, scheint mir normal bei einem pluralistischen Wissenschaftsbegriff. Diese Pluralität ist auch ungefährlich, solange es allgemeine normative Theorien der Demokratie gibt (Kap. 5), und nicht nur Horrorszenarios des Niedergangs einzelner Politikbereiche in der Postdemokratie. Die Pluralität wird in der postmodernen Gesellschaftskritik vielfach wegen ihrer Beliebigkeit kritisiert. Die Gleichheit aller Dinge wird postuliert, und diese schafft Konstruktionen und Erscheinungen ohne Ende, „aber eine Welt kann nicht zu Tage treten" (Badiou 2012: 13). Genüsslich lässt sich diese Gesellschaftskritik mit Platons Demokratiekritik begründen, der in der „Politeia" (Der Staat, §§558c ff) die Demokratie als „ein anmutige, regierungslose, buntscheckige Verfassung, welche gleichmäßig Gleichen wie Ungleichen eine gewisse Gleichheit austeilt" klassifizierte. Platon unterschied eine *geometrische Gleichheit* (proportional zum Verdienst) von einer *absoluten arithmetischen Gleichheit*. Das Prinzip der Demokratie beruhte für ihn – der die repräsentative Demokratie noch nicht kannte – auf der arithmetischen Gleichheit. Die entartete Freiheit in der Demokratie wurde für Platon (§ 562a) zum Nährboden der Tyrannis. Absurde Folgerungen wurden aus solchen Rückblicken angesichts der *buntscheckigen Beliebigkeit der Postmoderne* gezogen. Etwa, dass wir echte Demokraten nur bleiben können, wenn wir „wieder Kommunisten werden" (Badiou 2012: 22).

Die Geschichte des Demokratiebegriffs ist eine Geschichte der Kombination von Demokratie mit Zusatzbegriffen als:

- *neue Staatsformen* wie „republikanisch", „liberal", sozialistisch", „Volksdemokratie",
- oder als *Spezifizierung der herkömmlichen Regierungsform* wie „repräsentativ", „plebiszitär", „pluralistisch", „gelenkt" oder „defekt",
- oder *normativ-vage* als „wahre Demokratie" oder als „deliberative Demokratie".

Die Kombination „*repräsentative Demokratie*" ist die geläufigste und dennoch wird sie häufig als oligarchische Form" kritisiert. Für Rancière (2011: 58f, 97ff) ist die Repräsentation sogar das genaue Gegenteil der Demokratie. Demokratie wurde vielfach als Herrschaft eines sozial einheitlichen Volkes angesehen. Die Einheitlichkeit hat man notfalls durch Entmachtung des Adels oder des besitzenden Bürgertums künstlich herzustellen versucht und damit in Autoritarismus umschlagen lassen. Repräsentation ist die notwendige Konzession an die Heterogenität der Gesellschaft und die Vielzahl der Ideologien, Staatskonzeptionen, sozialen Bewegungen und Parteien im Volk. Die maßlose Übertreibung einer Entstehung von „Hass der Demokratie" beruht nicht zuletzt auf der Gleichsetzung von Demokratie in der sozialen Ordnung mit dem „Chaos in der Naturordnung". Demokratie ist angeblich durch keine institutionelle Form gewährleistet und von keiner historischen Notwendigkeit getragen. Das kann Hass erzeugen bei denen, die Macht über das Denken ausüben wollen. „Doch bei denen, die mit jedem Beliebigen die gleiche Macht der Intelligenz zu teilen wissen, kann sie im Gegenteil Mut hervorrufen, also Freude" lautet selbst in dieser Philippika die tröstliche Abschlussbotschaft. Die in der politischen Diskussion übliche Anhäufung von schmückenden Beiwörtern für die Demokratie hinterließ nach Meinung einiger Autoren einen unangenehmen Beigeschmack, als sei die Demokratie „eine fade Suppe, die erst durch Gewürze Geschmack annimmt" (Rosanvallon 2010: 279).

In der politischen Theorie der Neuzeit kam es nur schrittweise zur Adaption des Demokratiebegriffs in die vorherrschenden politischen Theorien. Begriffsgeschichtliche Tiefenanalysen zeigten, dass der Demokratiebegriff seit der Antike kontinuierlich semantischen Transformationen unterlag durch Positivierung, Futurisierung und Komplettierung.

- Der Demokratiebegriff der Antike war in der Theoriegeschichte lange negativ besetzt. Am Anfang kam es zu einer *„Positivierung des Demokratieverständnisses"* seit Spinoza und Rousseau.
- Eine zweite semantische Transformation ist in der *Futurisierung* des Begriffes gesehen worden.
- Eine dritte Adaption liegt in der *Rationalisierung* des Demokratiebegriffs.

Die partizipative Komponente ist nach Ansicht von Buchstein (2011: 55f, Buchstein und Jörke, 2003: 471ff) fast zu einem Ballast geworden. Man sah zunehmend eine Kluft zwischen der Partizipation und einem rationalen Entscheidungsoutput. Statt Partizipation wurde nun die Qualität der Politikergebnisse, statt *input* der *output* mit dem Demokratiebegriff verbunden. Aber auch bei der *Output-Demokratie* häuften sich die Zweifel: sind die Demokratien fähig, die wachsende Verschiedenheit der sozialen Anforderungen zu meistern, oder kommt es aufgrund der Internationalisierung der Systeme zu *„democratic overload"* und zur Unregierbarkeit in der *„late-modern democracy"*? (Blühdorn 2009: 18f, 21).

Die Demokratie basierte auf der Annahme einer konsistenten und unterscheidbaren Identität der Individuen und der sozialen Gruppen (Inglehart / Welzel 2005: 299). Neuerdings wurde in postmodernen Philosophien aber die Identität der Einzelpersonen wie der Gruppen stark in Frage gestellt. Das moderne Ideal scheint sich aufzuheben. Post-subjektive Strategien der Legitimation haben Einzug gehalten. In der Input-Dimension beruht nach dieser Ansicht (Blühdorn 2009: 41, 43) die Legitimität auf wissenschaftlicher Objektivität und auf Expertenwissen. In der Output-Dimension basiert die Legitimation auf der Effektivität der Durchführung von systemischen Notwendigkeiten und auf der formalen Effizienz der zugehörigen politischen Prozesse und erfordert eine *„postdemokratische Wende"*. Was lange eine Interpretation der Luhmannschen Theorie-Sekte schien, dass in der Spätmoderne die Zentralperspektive der Gesellschaft verloren ging, scheint inzwischen herrschende Lehre zu werden: die Zentralinstanzen der Gesellschaften bewegen sich voneinander weg (Nassehi 2012: 50).

Es ist angesichts dieses Begriffswirrwarrs fast ein Wunder, dass der Terminus Demokratie sich als Grundbegriff gehalten hat, selbst bei semi- und vollautoritären Bewegungen. Unter den „defektiven Demokratien" gibt es *kompetitive autoritäre Regime*, von denen nicht immer klar ist, ob sie schlecht regierte Systeme sind, oder ob die demokratische Struktur eine bloße Hülse geworden ist. Viele Übergangsregime von der Türkei bis nach Brasilien sind „*at risk democracies"* genannt worden, die vielfach stagnieren oder auch nur an „*bad government"* leiden (Diamond 2008: 292, 296). Dies ist einer der Gründe, warum der Begriff des *Rechtsstaats* in der Demokratie gleichberechtigt neben die partizipativen Aspekte des Systems getreten ist. Zu den positiven terminologischen Verstärkungsversuchen gegenüber der Demokratie treten immer häufiger pejorative Kompositionen hinzu. Sie zeigen sich jedoch seltener als zwischen den beiden Weltkriegen offen als antidemokratisch, sondern versuchen, die niedergehende Demokratie gleichsam zu retten, trotz der Bezeichnung „Postdemokratie".

Wie so oft in der Geschichte pejorativer Beiworte reizt die terminologische Herabsetzung zur Schaffung positiver Komposita wie „*Neodemokratie"*. Der Titel dieses Beitrags ist in Analogie zur Kunstgeschichte konstruiert. Dort gab es die Erfahrung, dass immer wenn eine „Post-Phase" ausgerufen worden war, kam es nach einer Weile zu einer Neo-Bewegung, vom Neo-Impressionismus bis zum Neo-Dadaismus (Tomkins 1988: 7, 38). Umbrüche im Kunstgeschmack – etwa vom abstrakten Expressionismus in den USA, der die 50er Jahre dominierte, zur Pop Art – wurden vielfach angeblichen Verschwörungen der Kunstinterpreten zugeschrieben. Soweit diese an klassischen Avantgarde-Standards festhalten wollten, haben sie beigetragen, die ihnen teure Kunstrichtung als „Neo-Bewegung" wieder zu beleben. In der Geschichte der politischen Theorien würde ich nicht von Verschwörungen ausgehen, aber auch hier gibt es theoretische Moden, die gelegentlich von der halbwissenschaftlichen Medienwelt gern aufgegriffen werden. Ich habe die These vertreten, dass vergleichbares sich auch in der politischen Theorie ereignet hat: „*From Post to Neo.* Die Entwicklung der politischen Theorien nach dem angeblichen Ende der großen Debatten" (v. Beyme 2007). Als neueres Beispiel könnte der Streit um die Demokratie dienen. „Neodemokratie" findet sich als Terminus so gut wie nie in der umfangreichen Demokratie-Diskussion, und wenn dann ohne eine analytische Einordnung in den Streit der Begriffe. „Neodemokratie" scheint prima vista so vage wie die

Postdemokratie – hat aber den Vorteil, dass er diesen Bezeichnung den ideologischen Zweckpessimismus vieler Postdemokraten überwindet und die
konstruktive Suche nach neuen Modellen erleichtert (vgl. Kap. 5).

Am Anfang der Demokratietheorien seit Tocqueville standen die Szenari-
en des Niedergangs. Tocqueville sah zwei Gefahren für die Demokratie drohen: die Unterordnung der Legislative unter die Wählerschaft und die Zu-
sammenfassung aller anderen Regierungsgewalten in der Legislative, in
einer Art *„gouvernement d'assemblée"*. Tocqueville (1961: 12ff) war aber bereits
ungleich differenzierter als die neueren Demokratie-Kritiken. Er bekannte
sich zu einer wissenschaftlichen Analyse ohne normativen Impetus. Er wollte
kein Loblied singen und keine Regierungsform anpreisen. Er behauptete,
sich nicht einmal ein Urteil angemaßt zu haben, ob der Fortgang der Entwicklung der Menschheit zum Vorteil oder zum Nachteil gereichen werde.
Nur implizit ließ sich eine Niedergangstheorie aus seinem Werk über Amerika herauslesen, weil er die Freiheit durch wachsende Gleichheit überall bedroht sah. John Stuart Mill hat in der „Edinburgh Review" 1840 (1859: 62) in
einer berühmten Rezension bereits ein Manko in der Methodologie von Theoretikern des historischen Niedergangs der Staatsformen moniert, welches
sich bis ins 21. Jahrhundert nachweisen ließ: „Tocqueville hat offensichtlich
die Effekte der Demokratie mit denen der Kulturentwicklung (*civilization*)
verwechselt. Er hat in eine abstrakte Idee alle Tendenzen moderner Handels-
gesellschaften gebündelt und ihnen einen Namen gegeben – Demokratie".
Heute lautet dieser eine Name nicht selten: „Postdemokratie".

Die Aufbruchsstimmung nach dem Zweiten Weltkrieg hat zunächst eher
Aufstiegsszenarien begünstigt. Die *„Aufbruchsdemokratie"* nach 1945 wurde
vielfach als Modell der Demokratie schlechthin gewertet, obwohl sie etwa
unter Adenauer durchaus noch gemäßigt autoritäre Züge haben konnte. Bei
einigen Theoretikern des Niedergangs lag der Höhepunkt der Demokratie
später, als es im *„Postfordismus"* zu sozialen Kompromissen zwischen den
Interessen der kapitalistischen Wirtschaft und der arbeitenden Bevölkerung
kam. Für Forscher, die von der Korporatismustheorie und den Gewerk-
schaftsstudien her kamen, wie Colin Crouch (2008: 15), war der Höhepunkt
der Demokratie durch den vorübergehenden Sieg des *Keynesianismus* erreicht. Als die keynesianische Nachfragesteuerung schrittweise dem Neoliberalismus wich, wurde ein Niedergang angenommen.

11

Die routinisierte Langeweile in demokratischen Systemen, in denen gerade keine ökonomische oder politische Krisen die Funktionsweise des Systems erschüttern, lädt ebenfalls zu pejorativen Annahmen über die Entwicklung der Demokratie ein. Auch mit der Kritik der 68er Revolte kam es zunehmend zu Visionen des Niedergangs. Bei Ulrich Beck (1988: 292) wird Postmoderne nicht sehr spezifisch mit der „Herrschaft des Zynismus" identifiziert. Die Kritiker waren im Spektrum der Ideologien eher „links" angesiedelt. Ein konservatives Niedergangsszenario entwickelte sich in den 80er Jahren mit der Debatte um die *Unregierbarkeit* in modernen Demokratien. Benjamin Barber (1994: 11, 13, 33) resümierte zutreffend: „Wenn die Welt unregierbar geworden ist, wie können Menschen dann erwarten, sich selbst zu regieren? Der Slogan der ‚Unregierbarkeit' ist eine Entschuldigung für Präsidenten, die nicht regieren können, und eine Rechtfertigung für solche, die es nicht wollen". Demokratie hat unter der Ägide des Neoliberalismus öffentliche Güter in private umdefiniert, Firmen zu öffentlicher Verantwortung herangezogen und sogar Soldaten auf dem freien Markt angeworben. Das Überleben der Demokratie hing für diese Kritiker an der Lockerung der Bindung an die liberale Theorie, ob sie nun als anarchistische, realistische oder minimalistische Variante auftritt.

Die Entwicklung zur Postdemokratie wurde vielfach additiv mit einzelnen Erscheinungen identifiziert (vgl. Richter 2006: 24) – was schon Mill an Tocqueville auszusetzen hatte. Zu diesen Einzelerscheinungen gehörten:

- die *Oligarchisierung* der liberalen Demokratie (Buchstein),
- die Aushöhlung der Gewaltenteilung durch *Präsidentialisierung* (Körösényi),
- die Entstehung des *Populismus* statt demokratischer Partizipation,
- und die *Dominanz korporatistischer Arrangements* im Entscheidungsprozess (Colin Crouch). Bei Crouch (2008: 93f) hat sich gleichsam eine neue Trinität herausgebildet in der *Ausweitung der Berater- und Lobbyistenzirkel* im Umfeld der politischen Elite. Berlusconis Netzwerk aus ad hoc geschaffenen politischen Strukturen und der Einmischungswut seiner Firmen ist nur das krasseste Beispiel für einen postdemokratischen Trend.

Der Niedergang der Klassen und der *Aufstieg der Experten* scheint die demokratischen Parteien entscheidend zu schwächen. Sachliche Kompetenz hat vielfach den Enthusiasmus der Amateure verdrängt (vgl. Kap. 2). Diese Analyse übersieht freilich, dass eine neue *Amateurskultur* im Umkreis der neopopulistischen Bewegungen und der „Liquid Democracy" in den Medien zum funktionalen Äquivalent geworden ist. Die *„Kompetenzauslagerung"* aus dem politischen System wird beklagt. Aber es wird vielfach übersehen, dass es auch zur *„Kompetenzeinlagerung"* von wirtschaftlichem Sachverstand in Beratungsgremien und Brainstorming-Terminen der Parteien kommt. Die Verdrängung der herkömmlichen Interessengruppen hat sich wenigstens in Deutschland kaum vollzogen, auch wenn Gewerkschaften über Mitgliederschwund klagen. Aber die neuen Bürgerinitiativen, NGOs und Lobbys von Privilegierten und Unterprivilegierten sind meist mitgliederschwach, aber sie ermöglichen gleichwohl eine themengebundene Partizipation, nachdem eine Abarbeitung des gesamten Spektrums eines vielseitigen Parteiprogramms durch Aktivitäten der Mitglieder in der Überbeanspruch der Zeit von Bürgern heute schwer denkbar ist. Parteien experimentieren immer wieder mit „Schnupperkursen" und Einladungen zur Mitwirkung an Nichtmitglieder – mit mäßigem Erfolg. Die *Netzwerkdemokratie* wird in der Mobilisierung von Teilzeitinteressenten an einer Frage immer erfolgreicher bleiben als die herkömmlichen Großorganisationen. Es wurde an den neodemokratischen Partizipationsmustern das Kampagnenunwesen und die Inszenierungen beklagt (Crouch 2008: 148), als ob die Parteien und Wahlkämpfe nicht ähnlich strukturiert würden. Als Beispiele für diese Missbräuche gelten die Bewegungen des Feminismus und der Umweltbewegung. Gerade diese beiden sind jedoch über die demagogische Inszenierung nach einiger Zeit hinausgewachsen und ihre Programme sind von allen Großorganisationen partiell adaptiert worden. Erfolge gerade dieser beider Bewegungen kann man nur mit Böswilligkeit leugnen.

Alle die oben aufgezählten Einzelerscheinungen lassen sich in vielen demokratischen Systemen nachweisen, aber ein neuer genereller Typ von Postdemokratie lässt sich aus ihnen noch nicht stringent ableiten. Die eigenwillige Konstruktion eines Entwicklungsschemas der Demokratien wurde sogar der *„eurozentrischen Diffamierung von demokratischen Evolutionsprozessen"* verdächtigt, weil die westliche Welt beansprucht, schon in ein neues Stadium einzutreten, während die Dritte Welt sich mühsam den westlichen Demokratiestadien annähert (Richter 2001: 26f). Die Einordnung von Systemen als „postdemokratisch" bleibt entweder vage und normativ – und versteht sich als Weckruf für eine Rückkehr zur „wahren Demokratie" wie bei Jean-Marie Guéhenno (1993), oder bleibt einseitig, weil nur einzelne Indikatoren wie Partizipation und Wahlbeteiligung als relevant für die Systementwicklung angesehen werden.

Die erste Variante ist um 2012 unversehens aktuell geworden. Kaum wurde unterstellt, dass der Populismus die Partizipation ersetze, kam es zur Proklamation neuer ubiquitärer und liquider Formen der Partizipation bei den Piraten. Über Postdemokratie scheinen eher ironisch-distanzierte Empiriker der Sozialwissenschaften zu räsonieren. Aktivisten einer neuen demokratischen Politik hingegen halten in der Regel am Demokratiebegriff fest und versuchen eine neue bessere Demokratie mit Hilfe der neuen Medien für die Zukunft zu proklamieren.

Für eine Linke wie Sahra Wagenknecht (2012: 10f, 42) erinnerte die gegenwärtige Lage an die Endphase der DDR. Die postdemokratische und postsoziale Gesellschaft, auf die wir angeblich zusteuern, ist der „Kapitalismus pur". Je größer der Chor der Untergangspropheten wird, umso mehr werden die Prognosen jedoch nach wenigen Jahren zu *„selfdestroying prophecies."* Negative Entwicklungen und positive Gegenreaktionen von Teilen der Gesellschaft sollten nicht pauschal verkündet, sondern empirisch im Detail analysiert werden. Auch Wagenknecht (2012: 236f) versuchte einige Gegenstrategien in der Schuldenkrise zu finden, wie die Streichung der Altschulden der EU-Staaten, die Verstaatlichung der großen Finanzkonzerne, Vermögensabgabe auf sehr hohe Vermögen und radikale Umverteilung der Einkommen von oben nach unten. Die ersten beiden Forderungen sind vielfach auch außerhalb der „Linken" akzeptiert. Die dritte und vierte Forderung stößt auch bei Anhängern eines „kreativen Sozialismus" auf Bedenken hinsichtlich ihrer Durchsetzbarkeit im Zeitalter der Europäisierung und Globalisierung.

1.2 Demokratie ohne diktatorische Alternative?

Bei Platon (§ 562a) war die Demokratie noch der Nährboden der Tyrannis. Nach den Weimarer Erfahrungen wurde diese These vielfach auch in

Deutschland geglaubt. Aber im postdemokratischen Zeitalter hat sich einiges gewandelt. Niemand vertritt heute ernsthaft die Alternative zur Demokratie – die Diktatur. Eine gewisse Versuchung stellt allenfalls der *Rechtspopulismus* dar, sofern einige radikalere Varianten Sehnsucht nach „ein bisschen Diktatur" verspüren (vgl. Kap. 3). Aber wenn selbst bei nicht-populistischen Spitzenpolitiker(inne)n, wie Angela Merkel, unterstellt wurde, dass sie die „leise Variante autoritärer Machtentfaltung" biete, die Deutschland so noch nicht kannte (Höhler 2012), werden Tor und Tür geöffnet, für eine unqualifizierte Generalkritik am demokratischen System.

Die Kalkulation auf eine autoritäre Entwicklung ließe sich noch vertreten, wenn die moderne Diktatur die Figur einer *„Diktatur auf Zeit"* wie im alten Rom internalisiert hätte. Diese erlaubte kurzfristig autokratisch Probleme zu lösen. Aber der Diktator war hinterher rechenschaftspflichtig. Darin ist in nuce ein Element von Rechtsstaatlichkeit enthalten. Diese antike Vorkehrung einer Diktatur auf Zeit zeigte etwas, dass es im alten Rom noch nicht gab: das Nebeneinander von Demokratie und Rechtsstaat. Spätestens seit der Transformation der kommunistischen Regime zur Demokratie wissen wir jedoch: die Demokratie mit formal leidlich freien und fairen Wahlen ließ sich ungleich leichter installieren als ein nachhaltiger Rechtsstaat – selbst in Ländern, welche die Verfassungsgerichtsbarkeit österreichisch-deutschen Musters übernommen hatten, wie zunächst in Jugoslawien, Polen und Ungarn, später sogar die Sowjetunion unter Gorbatschow und vor allem in der Russländischen Föderation unter Jelzin seit 1991 (v. Beyme 1994: 271ff). Dass die Diktatur keine echte Alternative zur repräsentativen Demokratie darstellt, haben neuere Studien über die Regime-Dauer gezeigt. Diktaturen lebten in der Regel nur zwei oder drei Jahrzehnte. Diktatoren versuchen in Zeiten der Krisen durch Konzessionen in der Wohlstandspolitik und notfalls sogar mit demokratisch erscheinenden Innovationen zu überleben (Gandhi/Przeworski 2006: 1). Am kürzesten dauerten im letzten Jahrhundert die Militärdiktaturen (9 Jahre). Es folgten die personalistischen Regime (15 Jahre), und die Einparteienregime (25 Jahre) (Geddes 1999: 133).

In Deutschland traut sich kaum ein Demokratietheoretiker wie der Ungar Körösenyi (2005: 359) die Theorie der *Führerdemokratie* im Namen von Max Weber und Michels zu lancieren. Durch die populistischen Bewegungen wurden die anfangs gelobten Führer auch inzwischen häufig diskreditiert und wurden in ihren eigenen Bewegungen ausgebootet von Jörg Haider bis zu Schönhuber. Nur selten wurde von den Ausgebooteten ein Comeback angedroht, wie von Berlusconi im Sommer 2012. Die Priorität der „Herrschaft des Rechts" über die „Herrschaft von Menschen" ist nach den deutschen Erfahrungen mit der Weimarer Republik zum Glück nicht zu verdrängen. Deutschland glänzte daher mit rührigen Gegenkampagnen, wo immer neofaschistische Gruppen versuchten, Aufsehen zu erregen.

Es wuchs in den letzten Jahren die Zahl der Bücher, die ein Ende der Demokratie in der Bundesrepublik prognostizierten. Selbst ein wirtschaftliches Wachstum von 2-4% galt einigen Kritikern nur als „simuliertes Wachstum", weil es angeblich komplett schuldenfinanziert war. Auch die im Volk am günstigsten eingeschätzten Institutionen, wie das Verfassungsgericht und das Grundgesetz wurden herabgesetzt. Das Verfassungsgericht wurde als degeneriert und „autoritär" bezeichnet und das Grundgesetz hatte nach dieser Konzeption „ausgedient" (Grünenberg 2008: 26, 193, 215). Auch die grünalternativen Staatskritiker konnten nach Ansicht einiger linker Pamphletisten das System nicht funktionsfähig halten, weil sie den „alten politischen Liberalismus (nur) ökologisch aufpeppen und mit einer Portion Kulturpessimismus versehen" (Fiesahn 2008:393). Meist blieben die Pauschalkritiker auch pauschal in ihren Prognosen. Gemäßigter Autoritarismus überwog auch in dieser Art Literatur, die von einer „Dritten Republik" sprach, die „härter, kantiger, nicht mehr so weich und freundlich" sein werde (Grünenberg 2008: 194). Dabei wurde übersehen, dass alle propagandistischen Neunummerierungen von Republiken in Europa gescheitert sind: die „zweite Republik" in Italien unter Berlusconi, die" dritte Republik" in Österreich in der Propaganda von Haider, die „vierte Republik" in Polen unter Kaczyński. Die Polemik gegen das „vierte Reich" von Angela Merkel wird in der seriösen Presse der anderen europäischen Länder nicht ernst genommen.

Die Erwartungen hinsichtlich autoritärer Tendenzen sind von den Postdemokratietheoretikern von Crouch (2005) bis Losurdo (2008) inzwischen sehr viel bescheidener worden. Gemäßigt linke Kritiker gingen aber davon aus, dass die Parteien in charismatische Individuen und die Bevölkerung in eine atomisierte Masse aufgelöst wurden. Folge aber war nicht die offene Diktatur, sondern das, was Losurdo „Soft-Bonapartismus" nannte. Parteien wurden nicht für irrelevant erklärt, aber sie galten nur noch als ein Akteur unter einer wachsenden Anzahl (Seils 2010: 113). Einige Kritiker fanden mildere Ausdrücke, wie „liberale Oligarchien" (Zolo 1998). Sie waren nicht mehr bereit, Systeme, die eine gewisse Rechtsstaatlichkeit und einen minimalen sozialen Standard im Output-Sektor garantieren, als „Demokratien" zu bezeichnen. Der Vorteil dieser Strategie scheint in dem Verzicht zu liegen, moderne Systeme durch die Bezeichnung „Demokratie" normativ zu überhöhen und zu große Legitimationsanforderungen an die Demokratie heranzutragen (Buchstein/Jörke 2003: 489). Daher wurde vorgeschlagen, stärker auf eine *„normative Versprechensfunktion"* der Demokratie abzustellen und damit den Demokratiebegriff zu dynamisieren. „Neo-Demokratie" scheint diesem Ankündigungscharakter gerecht zu werden.

Drei Bereiche scheinen die Entwicklung von den heutigen Formen der Demokratie, die oft als Postdemokratie diskriminiert wird, zu beeinflussen:

- Die Entwicklung von den alten zu den neuen Medien und den Möglichkeiten, die sie dem „Wutbürgertum" bieten (Kap. 2).
- Die neuen Partizipationsformen und die Gefahren des Populismus (Kap. 3).
- Debatten um die Reform der Institutionen in der parlamentarischen Parteiendemokratie (Kap. 4).

Literatur

Agamben, Giorgio u. a.: Demokratie? Eine Debatte. Berlin, Suhrkamp, 2012.
Badiou, Alain: Das demokratische Wahrzeichen. In: Agamben, Giorgio u. a.: Demokratie? Eine Debatte. Berlin, Suhrkamp, 2012: 13-22.
Barber, Benjamin: Starke Demokratie. Hamburg, Rotbuch Verlag, 1994.
Beck, Ulrich: Die Erfindung des Politischen. Zu einer Theorie reflexiver Modernisierung. Frankfurt, Suhrkamp, 1993.
v. Beyme, Klaus: Systemwechsel in Osteuropa. Frankfurt, Suhrkamp, 1994.
v. Beyme, Klaus: "From Post to Neo". Die Entwicklung der politischen Thorien nach dem angeblichen Ende der großen Debatten. In: Ders.: Theorie der Politik im 20. Jahrhundert. Frankfurt, Suhrkamp, 2007, 4. Aufl.: 363-408.
Blühdorn, Ingolfur: Democracy beyond the Modernist Subject. In: Ders. (Hrsg.): In Search of Legitimacy. Opladen / Farminton Hills, 2009: 17-50.
Blühdorn, Ingolfur: billig will Ich. Postdemokratische Wende und simulative Demokratie. Forschungsjournal NSB, Jg. 19,4, 2006: 72-83.

Blühdorn, Ingolfur: Simulative Demokratie. Politik nach der postdemokratischen Wende. Berlin, Suhrkamp, 2012.

Buchstein, Hubertus: Bittere Bytes: Cyberbürger und Demokratietheorie. Dt. Zeitschrift für Philosophie, 44, 1996, 4: 583-607.

Buchstein, Hubertus / Jörke, Dirk: Das Unbehagen an der Demokratietheorie. Leviathan, Jg. 31, H.4, 2004: 470-495.

Buchstein, Hubertus / Nullmeier, Frank: Einleitung: Die Postdemokratie-Debatte. Forschungsjournal NSB, Jg. 19, 4, 2006: 16-22.

Buchstein, Hubertus: Demokratie. In: Göhler, Gerhard u. a.: Politische Theorie. 25 umkämpfte Begriffe zur Einführung. Wiesbaden, VS Verlag, 2011, 2. Aufl.: 46-62.

Crouch, Colin: Postdemocracy. Cambridge, Polity, 2004. Dt. Postdemokratie. Frankfurt, Suhrkamp, 2008.

Diamond, Larry: The Spirit of Democracy. New York, Times Books, 2008.

Gandhi, Jennifer G. / Przeworski, Adam: Cooperation, Cooptation, and Rebellion under Dictatorships. Economics and Politics 18, 1, 2006: 1-26.

Geddes, Barbara: What do we know about Democratization after Twenty Years? Annual Review of Political Science 2, 1999: 115-144.

Grünenberg, Reginald: Das Ende der Bundesrepublik. Demokratische Revolution oder Diktatur in Deutschland. Berlin, Perlen Verlag, 2008.

Guéhenno, Jean-Marie: La fin de la démocratie. Paris, Flammarion, 1993.

Höhler, Gertrud: Die Patin. Wie Angela Merkel Deutschland umbaut. Zürich, Orell Füssli, 2012.

Inglehart, Ronald / Welzel, Ch. : Modernization, Cultural Change, and Democracy. Cambridge, Cambridge University Press, 2005.

Körösényi, András: Political Representation in Leader Democracy. Government and Opposition, 2005: 358-378.

Losurdo, Domenico: Demokratie oder Bonapartismus. Triumph und Niedergang des allgemeinen Wahlrechts. Köln, Papyrossa, 2008.

Mill, John Stuart: Dissertations and discussions. London, 1859, Bd. 2.

Nassehi, Armin: Das "goldene Zeitalter" ist vorbei. Spätmoderne Postdemokratie? Die Zeit, Nr. 32, 2012: 50.

Platon: Politeia. Der Staat. Darmstadt, Wissenschaftliche Buchgesellschaft, 1971 (Werke in 8 Bänden, Bd. 4)

Richter, Emanuel: Das Analysemuster der „Postdemokratie". Forschungsjournal NSB, 4, 2006: 23-36.

Rancière, Jacques: Der Hass der Demokratie. Berlin, August Verlag, 2011.

Rosanvallon, Pierre: Demokratische Legitimität. Hamburg, Hamburger Edition, 2010.

Seils, Christoph: Parteiendämmerung oder was kommt nach den Volksparteien? Berlin, wjs verlag, Wolf Jobst Siedler Jr, 2010.

Tocqueville, Alexis de: De la démocratie en Amérique. Oeuvres complètes. Bd. I, 1, Paris, Gallimard, 1961.

Tomkins, Calvin: Post- to Neo – The Art world of the 1980s. New York, Viking Pinguin, 1988.

Wagenknecht, Sahra: Freiheit statt Kapitalismus. Frankfurt, Campus, 2012, 2. Aufl.

2 Politik im Kreuzfeuer der Kritik der alten Medien und das Wutbürgertum in den neuen Medien

„Postdemokratie" ist der neue Terminus, der seit Colin Crouchs Bestseller (2008: 13) Popularität erlangte. Diese Variante der Demokratie ist gekennzeichnet dadurch, dass die formellen Institutionen intakt erscheinen. Der reale politische Prozess ist jedoch gekennzeichnet durch eine Erosion des Parteienstaates, die *Medialisierung der Politik* durch alte und neue Internet-Medien, die an den Kompetenzwurzeln der politischen Klasse nagen. Der Trend der Medialisierung scheint sich mit dem Heranwachsen einer neuen *Windows-Generation* zu verstärken und wird nicht ohne Einfluss auf die Politik bleiben. Die Erfolge der Piraten-Partei sind erste Anzeichen für diesen Wandel. Nach einer Studie „EU Kids Online" beginnen deutsche Kinder ab 9 Jahren das Internet zu nutzen, in Schweden bereits ab 7 Jahre. Im Durchschnitt beträgt die Internetnutzung in der Altersgruppe der 12-19 Jährigen täglich 138 Minuten und hat die Fernsehnutzung mit 123 Minuten bereits überholt. Gefahren dieser Entwicklung liegen darin, dass ein Drittel der Jugendlichen keine besonderen privacy-Einstellungen vornimmt und das extremistische Ansichten schwer verfolgbar verbreitet werden (Hasebrink/ Lampert 2011: 4, 9).

Vor allem der Prozess der *Medialisierung* des politischen Geschehens steht im Zentrum dieses Versuchs, neuere Entwicklungen im Verhältnis von Politik und Medien zu analysieren, und zwar in drei Schritten:

1. Wutbürgertum – eine neue Protestkultur
2. Bösewichter und Lieblinge in den Kampagnen der Medien
3. Neue Medien im Internet gegen die etablierten Medien

2.1 Wutbürgertum - eine neue Protestkultur?

Medien galten vielfach als „Barometer der Demokratie". Als Folge der *Globalisierung* kam es nach Ansicht einiger Radikaler zu einem Zusammenschluss der Interessen von Medien, Konzernen und Politik. Rentabilität scheint als Ziel die Zivilgesellschaft zu ersetzen, die eigentlich dem Auftrag einer „vierten Gewalt" zugrunde lag (Ramonet 2005). Selbst die öffentlich-rechtlichen Medien werden zunehmend auch an ökonomischen Effizienzkriterien gemessen. Der Quotenwahn grassiert in der Konkurrenz der Fernsehkanäle.

Die zunehmende Inszenierung der „politischen Klasse" führte zu der These, dass die Demokratie als Prinzip „*sprachlos*" werde. Dem ist entgegen zu halten: Demokratie ist nie sprachlos – und immer sprachlich inszeniert. Es kommt auf das Mischungsverhältnis an. In Wahlkämpfen lag die Inszenierung schon immer nahe, vor allem seit es Fernsehen gab. Im Wahlkampf 1986 figurierten die beiden Konkurrenten in der Presse vielfach als: „Django" (Kohl) und „Jesus" (Rau) (Merten 1991). Bei solchen Stilisierungen geht es keineswegs nur um die Fähigkeit aufzutreten, sondern auch um die Inhalte der Politik, welche die Inszenierung zu verdecken scheint: *retrospektives Wählen* (Fiorina) ist üblicher als eine Analyse der Zukunft des Versprochenen.

Die Forschung sprach schon lange von „*Medialisierung der Politik*" (Pfetsch-Marcinkowski 2009: 15). Der Einfluss der Medien blieb jedoch unspezifisch. Schulz (2004): sah vier Komponenten:

1. *Extension*: Medientechnologien erweitern die natürlichen Grenzen des menschlichen Kommunikationsvermögens (Zeit, Raum, Ausdrucksfähigkeit).
2. *Substitution*: Neue Medien verdrängen andere soziale Aktivitäten oder verändern sie.
3. *Amalgamation*: Medienaktivitäten verschmelzen mit anderen Aktivitäten (Radiohören und Autofahren).
4. *Accomodation*: Akteure müssen sich an die gesellschaftlichen Regeln des Mediensystems anpassen, z.B. Professionalisierung des Wahlkampfmanagements.

Accomodation wird in der Medienliteratur am meisten behandelt. Sie umfasst vor allem:

- Das Bemühen, Öffentlichkeit durch *symbolische Politik* herstellen.
- *Kommunikative Aufstellung* von Parteien, Professionalisierungstest in Sachen Politikvermittlungskompetenz der beteiligten Akteure und Institutionen (Sarcinelli 2000: 3).
- Zielgruppenorientierte Medienarbeit,
- fragmentierte Medienkanäle,
- gezielte Werbung für Gruppen,
- *direct mailing* zu Einzelpersonen.
- Auslagerung der Umfrageforschung, *permanenter Wahlkampf.*
- Nationale Koordination, dezentrale Ausführung.

Diese Vielfalt lässt vermuten: es gibt *keine klar abgegrenzte vierte Gewalt*, wie sie in der älteren Literatur gelegentlich unterstellt wurde. Es gibt auch keine Einbahnstraße zwischen Medien und Politik. Immer handelt es sich um ein *Tauschgeschäft von Information gegen Publizität*. Noch ist nicht zu befürchten, dass die etablierten Print- und Fernseh-Medien überflüssig werden, nur weil einzelne Politiker mit dem *Facebook* sich direkt an die Wähler wenden und sich den Umweg über die Medien ersparen. Besonderen Stolz löst diese Kommunikationsart aus, wenn die Botschaft schließlich wieder in die Medien kommt und Facebook-Einträge in der Tagesschau zitiert werden (Hickmann 2012: 33). Es wird jedoch zunehmend bemängelt, dass der *„Qualitätsjournalismus im Niedergang"* begriffen sei und dass das Beschwören des Niedergangs zu einem eigenen Berufsfeld wurde, seit die Zahl der Zeitungsauflagen um fast ein Viertel und die Zahl der Zeitungsredakteure im ersten Jahrzehnt des neuen Jahrtausends um 15% zurück ging (Staun 2012: 25).

Im Verhältnis von Politik und Medien vollzog sich seit 1949 ein bemerkenswerter Wandel: *Idealtypen* wurden konstruiert wie:

- Autonomie,
- Interdependenz,
- Symbiose (semi-autoritär oder lokalpolitische Verflechtung – vor allem in Gemeinden mit nur einer „Heimatzeitung"). Die Welle des *Populismus* im neuen Jahrtausend scheint solche Symbiosen zu begünstigen.

Historische Typen fanden ebenfalls Eingang in die Literatur:

- Die *Parteien verloren ihre eigenen Medien.* Am spektakulärsten vollzog sich diese Entwicklung bei einem so altehrwürdigen Blatt wie dem „Vorwärts" bei der SPD.
- Regierung und Parteien bauten *eigene Informationssysteme* auf und trugen zur Verflechtung von Politik und Medien bei.
- Die *Medifizierung der Politik in Eigenregie* wurde voran getrieben: Das *Politainment* nahm zu, eine Privatisierung, die in Richtung einer untersamen Boulevard-Demokratie zielte.

Unaufhörlich wurde die *„Verlangsamung im Lebensrhythmus"* im Feuilleton propagiert – aber das Gegenteil trat ein: eine *Beschleunigung,* vor allem im politischen Leben. Daher wurde der *reduzierte Verlautbarungsjournalismus der Politik* auch für die Medien nötig, um die Recherchezeit und die Kosten für sie zu verringern. Tom Schimmeck in seinem Reißer: „Am besten nichts Neues" (2010: 61) beklagte, dass Journalisten keine Zeit mehr zu eigenen Recherchen hätten. Siegfried Weischenberg (1997) wies darauf hin, dass auch Printjournalisten durch TV-Auftritte sich der Logik der Prominentenberichterstattung zunehmend anpassen müssten. Immer häufiger erscheinen „Nestbeschmutzungen" von bekannten Journalisten. Walter van Rossum (2007) hat in dem Buch „Die Tageshow" das Fernsehen umbenannt: es diene nicht mehr als „Informationslieferant und Welterklärer", sondern als „Agendasetter samt der Einführung von Sprachregelungen", wie über Themen gesprochen werden solle. Der spanische Medienwissenschaftler Ignacio Ramonet (2005) behauptete sogar, die Medien hätten ihren zivilen Auftrag vergessen und sich mit Konzernen und politischen Eliten zusammengeschlossen. Die Diskrepanz zwischen Demokratievermittlung und Wirtschaftlichkeit wird in Zeiten zunehmender Konkurrenz und Sparzwänge größer. Es wurde die zweifelhafte These aufgestellt, dass in Zeiten boomender Wachstumsphasen die Medien ihre Kontrollfunktion besser wahrgenommen hätten (Schiffer 2011: 29).
Eine *„Gaga-Galaxie"* mit drei Typen wurde konstruiert (Schimmeck 2010: 86f):

- Die *Ich-Abteilung,* bestehend aus gefühlvollen Narzisten,
- Die *Wir-Abteilung,* die in Kumpanei mit der Politik fraternisiert.

- *Der Ihr-Journalismus* macht nach dieser Typologie die Mehrheit aus.

In diesem Prozess wirken Politiker und Journalisten mit. Sie heizen nicht selten die *Empörungsmaschine* und den Antiparteienaffekt an. „Bild" erklärte Arnulf Baring zum „klügsten Professor Deutschlands" (Schimmeck 2010: 110). So stilisiert gewinnt ein Wissenschaftler in den Medien ein Eigenleben, das keineswegs mit seiner Reputation in der wissenschaftlichen Zunft identisch ist.

In Deutschland ist eine direkte Verflechtung von Medieneliten und Politikern in den *Rundfunkräten* gegeben. Nach einer Entscheidung des Bundesverfassungsgerichts sollte der öffentlich-rechtliche Rundfunk staatsfern und unabhängig organisiert sein. Faktisch aber bestimmen Parteipolitiker über die Chefposten in den Rundfunkanstalten und die Regierung setzte ihre medialen Kontrolleure quasi selbst ein (Seils 2010: 179).

Medien wirken für die Politiker vielfach als *Frühwarn-System*. Trotz der engen Verflechtung von Medieneliten und Politikern ist das Verhältnis nicht konfliktfrei. Nicht selten entsteht Gereiztheit zwischen Politik und Medien wegen verschiedener Darstellungspräferenzen:

- Medien bevorzugen zunehmend Ironie und Flapsigkeit.
- Politiker schließen daraus vorschnell auf Gegnerschaft:

Helmut Schmidt schimpfte gern auf die *„Indiskretins"* und sprach von der *Arroganz der Medien*. Arroganz war ihm selbst bekanntlich nicht fremd und er wurde nach seinem Rückzug aus der Politik selbst Journalist, der aus der Höhe der Medien-Gipfel dozierte. Es wurden sogar *Verfolgungsmythen* aufgestellt. Mappus hat angeblich die Medien einmal mit der Repressionsmacht der Stasi verglichen, was er allerdings bestritt (Wieselmann 2011: 12). Der *Meutenjournalismus* wurde vielfach kritisiert. Bei knappen Wahlniederlagen wie der Kohls 1976 oder Schröders 2005 wurden meist die Medien für den Ausgang der Wahlen verantwortlich gemacht.

Nur bei der Entdemokratisierung einiger Demokratien kam es zum Gegenschlag der Politik, und zum *Streamlining der Medien* - in Transformationsgesellschaften wie in Russland und Ungarn, aber auch in Italien.

Die Initiativen in der Interaktion von Medien und Politik sind ungleich verteilt:

Initiativen der Regierung liegen vor bei:

- Wahlkampfinszenierung,
- Auslandsreisen mit der Regierung, (große Medien fahren gern auf eigene Kosten, um ihre Unabhängigkeit zu demonstrieren),
- Pressekonferenzen der Regierung und der Opposition,
- täglichen informellen Kontakten,

Initiative der Medien überwiegt bei:

- der Bewegung zum kritischen Journalismus,
- bei skandalenthüllendem investigativen Journalismus.

Medien und Politik entwickeln unterschiedliche Präferenzen der Begriffsbildung in der Politik:

- Medien lieben *klare Alternativen* wie Regierung – Opposition (im Sinne von Luhmann).
- Politiker im Mehrparteiensystem müssen hingegen ständig *„packeln"* und verhandeln.

Daher entstand die Klage, dass die Medien in den Ausschüssen die komplexe Materie nicht wahrnehmen und irritiert sind, wenn Regierungs- und Oppositionsexperten bei Hartz IV sich erbittert streiten, und anschließend untergehakt zum Essen ins Bundestagsrestaurant gehen. Es tauchte die Frage auf, ob die Medien überhaupt in der Lage seien, die Politik adäquat zu analysieren. Das erscheint bei Schlüsselentscheidungen schwierig:

- *Mehrebenenentscheidungen in der Politikverflechtung* mit komplizierten Kooperationen von zentralen und regionalen Ebenen sind für die Medien kaum darstellbar. Der Entscheidungsprozess wird daher vielfach simplifiziert. Befragungen von Experten stehen unter der „Diktatur der 1,3 Minuten", die ein Interview im Fernsehen oder im Rundfunk kaum je überschreitet.
- *Gesetze* sind komplex, seine Folgen sind für Journalisten nicht gleich sichtbar: Das Immissionsschutzgesetz von 1974 war ein krasser Fall, bei

dem selbst die Lobbyisten nicht gleich durchblickten. Erst bei der Implementation des umweltfreundlich klingenden Gesetzes wachten Interessengruppen und Medien auf, als plötzlich Unbeliebtes und Kostenreiches per Verordnung durchgesetzt wurde.

- *Routinepolitik* ist für die Medien langweilig und wird vielfach zum Feld der Lobbyisten.
- *Innovationspolitik* schafft Aufmerksamkeit für neue soziale Bewegungen, die vorübergehend zu Lieblingen der Medien werden können.

Medien brauchen in der theoretischen Bewältigung der Wahrnehmung von Politik *Ereignisgeschichte* statt *systemtheoretische Ableitungen,* mit denen die Sozialwissenschaftler die Medienvertreter gelegentlich langweilen.

2.2 Bösewichter und Lieblinge in den Kampagnen der Medien

Die subjektive Seite der Medienpolitik hatte wachsenden Einfluss auf die öffentliche Stellung der politischen Eliten. Lieblinge unter den Politikern scheinen Akteure zu sein, die frei und unkonventionell reden, wie Blüm oder Geissler. Die Gunst der Medien ist jedoch oft nicht von Dauer. Einige Lieblinge fielen später in Ungnade, wie Lothar Späth. „Staatsschauspieler", wie Möllemann und Westerwelle mit seinem „Guido-Mobil", die Mediennähe suchten, wurden rasch als inkompetent fallen gelassen. Guttenberg stürzte, wurde aber trotz seines Dissertationsskandals wenigstens nicht generell als fachlich inkompetent eingeschätzt, und konnte sich Chancen für ein Comeback ausrechnen. Einige seiner Maßnahmen wie die Abschaffung der Wehrpflicht blieben unter dem Nachfolger erhalten. Das verhinderte nicht, dass Guttenberg „der Gipfel der Politikleere" in seiner unbestreitbaren Selbstinszenierung unterstellt wurde (Lepsius/ Meyer-Kalkus 2011). Es gab keine klare Linie im Guttenberg-Fall: Es kam zu lange zur Abwieglung durch Kanzlerin Merkel in der ersten Phase: „ich wollte doch keinen Assistenten einstellen", als ob Betrug nur im Hochschulbereich ausgeschlossen sein sollte. Ein guter Schachzug im Pannenmanagement war die Nachfolge Guttenbergs durch den nüchternen de Maizière als Idealbesetzung. Aber es kam noch immer nicht zu der längst überfälligen Kabinettsumbildung.

Die Medien spielen nicht nur eine verstärkende Rolle bei Konflikten zwischen Regierungs- und Oppositionsparteien. Selbst innerparteilich haben die Medien gelegentlich im Wettbewerb der Kandidaten Einfluss genommen. SPD-Vorsitzender Gabriel hat auf dem Parteitag im Dezember 2011 sich als „Herr des Verfahrens" deklariert, das er sich nicht aus der Hand nehmen lasse. Er erklärte daher die „Steinbrück-Festspiele", die ein Konkurrent mit Hilfe des Altkanzlers Schmidt und der Medien inszeniert hatte, für beendet (Sattar 2011: 3).

Der Einfluss der Medien auf die Politik zeigt sich nicht zuletzt in den *Talkrunden* im Fernsehen. Kein europäisches Land hat fünf Talkshows, die auch von Intellektuellen angeschaut und nicht wie „Deutschland sucht den Superstar" belächelt werden. Das Leitbild der Plasberg-Show „Wenn Politik auf Wirklichkeit trifft" ist typisch für die „Shows, die keine sein wollen" (Clemens 2011:148f). Auch Intellektuelle übersehen oft, dass es sich um „*Wirklichkeitskonstruktionen*" handelt – und nicht um Wirklichkeit. Denn Wirklichkeit beruht auf Fakten – und diese gelten als langweilig. Anne Will oder Maybrit Illner unterbrachen ihre Diskutanten nicht selten mit der Bemerkung: „Wir wollen jetzt nicht ins Detail gehen". Günther Jauch schien anfangs eine löbliche Ausnahme von dieser Regel, aber es tauchten Zweifel auf, dass er sie durchgehalten hat. In politischen Talkshows wird weitgehend personalisiert und inszeniert. Schon die Auswahl der „Debattanten" zeigt, dass man nach munteren „Aufmischern" und Provokateuren der Debatte sucht, wie Heiner Geissler oder Norbert Blüm in der Politik oder Arnulf Baring und Hans Herbert von Arnim als Wissenschaftler - nicht nach den objektivsten Analytikern politischer Prozesse.

In der letzten großen Krise der Bundesrepublik zeigte sich eine ganz ungewöhnliche Macht der Medien. In der Krise um Bundespräsident Wulff kam es zu einer einmaligen „großen Koalition" von „Bild" und „Spiegel", zwei Organe, die sich selten grün waren. Daraus haben Medienkritiker also gleich auf „*Selbstgleichschaltung der Medien*" getippt. Der Herdentrieb der Journalisten wurde beklagt, der dazu führe, dass die Medien unter dem „*Joch der Onlinemedien*" nur noch im Gleichschritt marschierten. Immerhin gelang es erstmals einen Bundespräsidenten zum Rückzug zu zwingen. Das Bundespräsidialamt begründete seinen Anspruch auf den Ehrensold von 200 000 Euro pro Jahr – den kaum ein Bürger einsah – mit der Behauptung er sei „aus politischen Gründen zurück getreten". Schnäppchenjägerei im höchsten Amt wird zwar auch politisch, aber der Bürger hat doch andere Vorstellungen von politischen Gründen.

Gauck als potentieller Nachfolger wurde zum „Liebling der Medien", je mehr Wulff zum Bösewicht wurde, der er eigentlich nicht war. Er war unehrlich und ungeschickt, aber das reicht in Deutschland gottlob zum Sturz, da noch kein Berlusconi-Mafia-Verhalten bei uns akzeptiert wird. Gauck wurde als „Bundespastor", der „kritische Solidarität" erzeugt, gelobt. Es wurde zwar auch an seiner oppositionellen Rolle in der DDR oder seiner „wilden Ehe" gemäkelt, aber nicht einmal in der CSU und im katholischen Flügel der CDU wurde eine „feindliche Übernahme der Republik" durch ostdeutsche kirchennahe Protestanten wie Merkel und Gauck ernsthaft bekrittelt (vgl. Finger 2012: 58).

Gern wird in den Medien die *„Volksmeinung als Gegenöffentlichkeit"* beschworen (Staun 2012: 29). Dabei wird übersehen, dass auch die Volksmeinung ein Konstrukt ist. Ein Artefakt einer neuen erfolgreichen Medienkampagne, da das Volk als Ganzes kaum je eine einheitliche Meinung hat – jedenfalls keine konstruktive, sondern allenfalls vorübergehend einig ist im „Weg mit", ob es Mubarak oder Assad in verbrämten Diktaturen ist, oder Wulff wegen seiner Verfehlungen in einer ausgereiften Mediendemokratie. *„Transparenz"* ist das neue Schlagwort, das bereits zur Ideologie erklärt wurde, eine Haltung, welche die Gesellschaft nicht freier macht und ein Klima des Verdachts erzeugt, das fast an sterbende Diktaturen erinnert (Han 2012: 41). Transparenz ist farblos und führt zu keiner politischen Konzeption, sondern zur Gleichschaltung. Diese kann in zwei Stoßrichtungen geschehen:

- In Richtung *neuer populistischer Kampagnen,* die zum Teil von alten und neuen Parteien geführt werden. Das ist der vergleichsweise konventionelle Weg (vgl. Kap.3).
- Oder die Bewegung kann wie bei der *Piratenpartei* das Konzept der *„Liquid Democracy"* propagieren. Neue Formen der anarchoiden Protestbewegungen, wie sie die *„Occupy-Bewegung"* schuf, gerieren sich meist führerlos, obwohl hinter ihnen oft Führungskräfte stehen, die sich gern als *„Impulsgeber"* bezeichnen (Ebbinghaus 2012: 22). Diese neuen Organisationsformen zwischen Parteien und Bewegungen stehen in der Gefahr, die repräsentative Demokratie und die Parteien für überflüssig zu halten. Eine neue Art der *Stimmungsdemokratie* wird gefördert. Ihre Fle-

xibilität auf Grund der neuen Medien kann die Demokratie zur Häufung subjektiver Bürgeräußerungen verkommen lassen mit Slogans *„Weg mit"* oder *„Her mit"*.

Medialisierung und Personalisierung der Politik nehmen zweifellos zu. Aber selbst vergleichsweise lange dauernde Kampagnen wie „Stuttgart 21" oder „Weg mit Wulff" führten wegen ihrer Einseitigkeit zu raschen Ermüdungserscheinungen. Einmalig und fast verdächtig schien die Koalition der Präsidenten-Kritiker aus „Bild-Zeitung" und „Spiegel". Wenn eine Kampagne lange genug dauerte, zeigten sich *Ermüdungserscheinungen* auch in den Medien. Da wurde in der Debatte, „muss Wulff zurücktreten?", die Meinung geäußert, dass die Medien sich fragen müssten, wann eine Recherche zur Kampagne wird (Brobst 2012: 1). „Das Volk", auf das sich die Medien in ihren Publikationen gern berufen, urteilte nach Umfragen erstaunlich fair, und begann sich Anfang 2012 zu fragen, ob die Medien nicht ihre Kompetenz überschritten hätten, weil sie ihre Rolle als Ermittler verließen, und versuchten, ihre Urteile zu vollstrecken, was nicht ihre Aufgabe sein könne (Niggemeier 2012: 140, 142).

Die Ermüdungserscheinungen in der öffentlichen Meinung schlugen sich in wachsender Wurstigkeit der Bürger nieder, die in Umfragen zu erstaunlicher Toleranz führen konnten. Nach einer Umfrage der ARD vom Januar 2012 hatten 57% der befragten Bürger den Eindruck, dass die Medien Wulff „fertig machen wollten". Eine neue Aufgabe der Medien liegt darin, die Bürger mit der Demokratie versöhnen – auch ohne eine Lichtgestalt. Bürger und Politik haben ein gestörtes Verhältnis nur, wenn die Regierung kein Pannenmanagement hat, wie es sich in dieser Legislaturperiode ereignete:

- Klientelpolitik für Hoteliers mit gekürzter Mehrwertsteuer,
- Westerwelles Ausfall gegen "spätrömische Dekadenz in Deutschland",
- dubiose Reisegruppen im Auswärtigen Amt.
- Ein Konflikt zwischen FDP und CSU führte zu einem würdelosen Austausch von Invektiven wie „Wildsau und Gurkentruppe".

Die Demokratie wird mediennäher durch die Reaktionen der Parteien auf die Medialisierung der Gesellschaft: Die Parteien entdeckten zunehmend das

Oneline-Campaigning. Fernsehen und Radio blieben die wichtigsten Medien in Wahlkampfzeiten in Deutschland, aber das Internet holte auf.

- 86% der Bürger holen Information aus dem Fernsehen und Rundfunk,
- 77% Presse und Zeitschriften,
- 37% aus dem Internet (Knuth 2010: 361).
- 58% der jungen Männer unter 30 suchen Neuigkeiten im Internet
- Der Vorteil für die Parteien liegt darin: die Themen sind steuerbar für sie.
- Der Online Wahlkampf gilt gleichwohl nur Ergänzung der herkömmlichen Wahlkampfstrategien (Zielmann/Röttger 2009: 84).
- Erfolge des Online-Wahlkampfs wurden noch nicht zuverlässig gemessen.
- Internet-Kampagnen haben aber den Vorteil, dass die Kandidaten modern und zukunftsgerichtet erscheinen (Reinke 2010: 86f).

Die parteiinterne Willensbildung hat sich unter dem Einfluss des Internets gewandelt. Aber ob diese Entwicklung zum Ausbau der Mitgliedschaft und zur Stärkung der Mitglieder führen wird, bleibt umstritten (Marschall 2001: 46).

Nicht in allen politischen Systemen entwickeln die neuen Medien die gleiche Bedeutung. Neue Technologien sind vor allem in schwachen Parteienstaaten gefragt, wie im präsidentiellen System der USA oder im semipräsidentiellen System Russlands. Die traditionelle Methode der Eigenwerbung ist nicht notwendiger Weise erfolgloser, wie sich in Russland zeigte. Putin dirigierte die Presse und zeigte sich notfalls halbnackt auf der Jagd oder beim Sport, mit einem tätowierten Kreuz auf der Haut, so dass für moderne und traditionell-christliche Bürger ein emotionaler Gewinn anfällt. Präsident Medvedev versuchte hingegen durch Twittern Schritt zu halten.

Die *neuen Medien veränderten die Kulturpolitik* und die Politik muss darauf antworten. Durch die neuen Medien kommt das hergebrachte Urheberrecht unter Beschuss. Den *„download kids"*, die nach geltendem Recht „illegal" herunterladen, werden Heere von Abmahnanwälten an den Hals geschickt. Die Folge ist, dass neue Monopolisten, wie Apple oder Amazon, im Netz sehr viel Geld verdienen und den Markt usurpieren (Probst /Trotier 2012: 54). Die Politik wird das Urheberrecht neuregeln müssen!

Neuerdings beginnen reflektierte Medienvertreter *selbstkritisch* zu werden, wie Zeitredakteure „In eigener Sache" (Bürger u. a. 2011: 17-22):

- Der Journalist zeigt im Gespräch Verständnis,
- im Artikel offenbart er dann durch feuilletonistische Verklausulierung sein wahres eher zynisches Wesen.

Die Gefahren dieser Entwicklung für Journalisten werden in einer Selbst-überschätzung der eigenen Person in Zeiten rasender Beschleunigung vermutet. *Veröffentlichte Meinungen* sind schwer aus der Welt zu schaffen: Korrekturspalten enthalten nur Namens- und Faktenkorrekturen, nicht jedoch Berichtigungen von Fehlurteilen der Autoren. Aber die „veröffentlichte Meinung" kann in erbitterten Clinch zur geäußerten öffentlichen Meinung in den neuen Medien geraten, wie die Affairen Sarrazin oder die Diskussion um das Israel-Gedicht von Günter Grass zeigte. Die bisher unartikulierten Massen empfinden die „Schuldumkehr" im Internet als Befreiung und wetterten gegen den überheblichen Gestus der Leitartikler (Mangold 2012: 50).

Die Entwicklung dieser neuen dualen Medienlandschaft bleibt nicht ohne Folgen für die politischen Institutionen:

- Die *Professionalisierung der Wahlkämpfe* und die Bedeutung der Medienexperten haben die schlichten *Mitglieder der Parteien funktionslos* werden lassen. Sie sind allenfalls als Botschafter ihrer Partei in sozialen Milieus noch von Bedeutung. Ihre finanziellen Beiträge können eine Partei allenfalls noch zur guten Hälfte als Organisation sichern. Die *spin doctors*, Experten des Wahlkampfes und des Themenmanagements, sind in Amerika überwiegend kandidatengebunden. In Europa bleiben sie jedoch trotz einer gewissen Verselbständigung an die Parteigremien angegliedert (Falter 2002: 424).
- Die Medialisierung des politischen Wettbewerbs führte darüber hinaus zu *wachsendem Finanzbedarf der Parteien*. Der Zwang zur Kombination der besten Seiten beider Welten führte auch in Deutschland zu einer schlechten Lösung: Hohe staatliche Subventionen wurden mit den Steuerprivilegien kombiniert, welche die angelsächsischen Länder in ihrer weniger etatistischen Tradition schon immer kannten. Trotz dieser Kombination in Deutschland kam es zu wachsender Finanznot der Par-

teien. Zur Reduktion von Kosten pflegen die Parteien indirekte Werbung durch *Product Placement*, durch gezieltes Themen- und Ereignismanagement, wie Konferenzen, Teilnahme an Talkshows oder Staatsbesuche mitten im Wahlkampf (Falter 2002: 425).

- Kommerzialisierte Beziehungen zu den Medien ließen die eigenen Bemühungen der Parteien um organisationsgesteuerte Medien erlahmen. *„Outsourcing"* schien billiger, wurde aber teurer, weil der Faktor „Arbeit" bei den Parteimitgliedern nicht mehr abgerufen und auch zunehmend weniger angeboten wurde. Die Parteimitgliedschaft ist weniger als früher auf direkte Mitwirkungswünsche der Bürger abgestimmt.

2.3 Neue Medien in den Netzwerken gegen die etablierten Medien

Politiker beschwerten sich vielfach über harte Urteile der Medien. Inzwischen wird den Journalisten von Akteuren der neuen Internet-Medien heimgezahlt, was sie gelegentlich Politikern angetan haben. Nicolas Carr nannte das Twittern den *„Telegraphen des Narziten"*. Die Sprache wird aphoristisch und direkt, und erscheint entscheidungsorientiert. Der Vorteil liegt in der direkten Anbiederung und im persönlichen Kontakt. *Twittern* schafft ein menschliches Image, gleichsam mehr *Glasnost* im semi-autoritären Regime. Es gibt aber auch Nachteile des Verfahrens:

- Zu direkte Äußerungen können *diplomatische Verwicklungen* bringen. Medvedev soll gesagt haben, dass Angela Merkel Hamburger lieber habe als Barak Obama, was die russisch-deutschen Beziehungen nicht gerade förderte.
- Es besteht in den neuen Medien die Gefahr, dass der Politiker an Autorität durch *Distanzlosigkeit* verliert. Die Nutzer hingegen drohen sich im Überangebot zu verlieren und die Steuerung wichtiger Nachrichten eine Art *„demokratischer Zensur"* wirksam werden lasse (Ramonet 2005). Eine neue *„Aufmerksamkeitsökonomie"* erscheint dringend erforderlich (Schiffer 2011: 31). Aber wer sollte sie steuern?
- Die Nutzer der neuen Medien lassen sich davon blenden, dass die Nutzung kostenlos erscheint. Dabei wird übersehen, dass diese sich häufig durch Sammeln von Nutzerdaten finanzieren (Schiffer 2011: 30f).

Das Internet zeigte sich häufig äußerst mächtig wie im Skandalfall Guttenberg:

- Es sammelte Belege für den Betrugsfall Guttenberg. Doktorvater Peter Häberle in Bayreuth stöhnte: „wir sind nicht ausgebildet für die Aufdeckung von Fälschungen durch Internet":
- Aber das Internet stand auch der Gegenseite zur Verteidigung zu Diensten: es sammelte eine halbe Million Stimmen für eine Rückkehr Guttenbergs in sein Amt. Neu schien, dass Guttenberg ein Bündnis mit der Boulevard-Presse schmiedete, wie es selbst ein Demagoge wie Strauss nie erreichte.

Die etablierten Medien fühlen sich vielfach als berechtigte Kritiker der Politik und ihrer Akteure. Vielfach wurde die *„neue politische Klasse"* mit ihren oligarchischen Tendenzen angeprangert. Es zeigte sich freilich, dass diese Tendenzen in den Medien selbst wirken. *Redaktionen* gelten vielfach als *homogen und hermetisch.* Frauen, Bürger mit Migrationshintergrund und Ostdeutsche sind unterrepräsentiert. Trotzdem wurden *Quotenregelungen* abgelehnt: Zeitungen seien nicht dazu da, „gerecht zu sein", sondern müssten „gut sein" und sich auch noch verkaufen (di Lorenzo 2012: 1).

„Die Probleme werden von der Menschheit nicht gelöst, sondern liegen gelassen" sagte Kurt Tucholsky einmal. Die neue Form des „Liegenlassens" stellt das *Ausweichen vieler Bürger in die neuen Medien* dar. In Demokratien wachsen daher die Bäume von Teilmächten nicht dauerhaft in den Himmel. Kaum wurde die Macht der Medien auf die Politik dramatisch dargestellt, kamen mit dem Wutbürgertum und den *neuen Formen populistischer Politik neue Medien* auf. *„Generation Social Media"* wurde zum Sammelbegriff für Anbieter wie *Facebook, Twitter oder YouTube.* Politisch am relevantesten werden nicht die *Blogs* über das persönliche Leben und der *private Austausch im Facebook,* sondern:

- Formen des *Cybermobbings* können die Politik herausfordern.
- *Online-Abstimmungen,* von Politikern initiiert.
- *Shitstorm* – zum Anglizismus des Jahres vorgeschlagen - ein Proteststurm, bei dem massenweise beleidigende und bedrohliche E-Mails versandt werden. *Trolle* ist ein neuer Begriff für anonyme oder pseudonyme

Nutzer, die Bürger und Politiker zu provozieren suchen. Kaum ein Politiker traute sich Sarrazin zu verteidigen, und als Gauck vorsichtig andeutete, dass man über dessen Thesen diskutieren müsse, wurde er schwer angegriffen. Doch unterschwellig gab es große Mehrheiten für Sarrazins Thesen und sie machten sich in Shitstorms Luft. Als die Soziologin Naika Foroutan bei Maybritt Illner Sarrazin angriff, haben ihre Feinde Namen und Telefonnummer bei Google eingegeben und sie wurde täglich bedroht. Ihr Leben wurde zeitweise unerträglich (Souza Soares 2012: 3). Am krassesten waren die Lynch-Drohungen gegen einen unschuldig Verdächtigten am Mord der kleinen Lena in Emden 2012. Auch Politiker haben das Mittel schon benutzt – ohne Beleidigungen. Der CDU-Abgeordnete Ansgar Heveling, sonst eher ein unbekannter Hinterbänkler, hat an die Netzgemeinde appelliert und mit 90 Zeilen erreicht, was ihm in 17 Bundestagsreden nicht gelungen ist: medial wahrgenommen zu werden (Rosenfeld 2012: 3). Shitstorm-Äußerungen sind vielfach beleidigend und diskriminierend. Sie haben jedoch in den Chef-Etagen von Betrieben auch positive Effekte entwickelt. Das Establishment kann sich gegen die neue Form der Kritik nicht mehr weckducken (Brauck 2012: 90).

- *Whistleblower*, stellen die positive Form moderner Netzpiraten in der Politik dar, wenn sie Missstände, Korruption und Menschenrechtsverletzungen anprangern (z.B. in der Enthüllungsplattform WikiLeaks) (Netzdeutsch für Anfänger 2012:4).
- Ein Berliner Mitglied des Abgeordnetenhauses und innenpolitischer Sprecher der Piratenfraktion, Fabio Reinhardt (2012:10), pries die Nutzung der Software als Chance, den *Lobbyismus* auf seine ursprüngliche Funktion zurückzuführen: eine beratende Funktion einzunehmen, die offen stattfindet und einen Prozess der Meinungsbildung ergänzt, ohne ihn zu überlagern und die Parteimitglieder in den Beratungsprozess einbindet. In anderen Fällen waren die ersten Erfahrungen mit den neuen Medien nicht so günstig. Seehofer organisierte 2012 eine *„Facebook Party"*, die sich als Flop erwies. Statt der 2500 angemeldeten Gäste kamen etwa 160 Medienvertreter und 200 Parteimitglieder, aber nur knapp 200 „Freunde aus dem Internet". Die neuen Medien dürften in ihrer Bedeutung für die Parteien nicht überschätzt werden. Nach einer St. Gallener Studie benutzen 34% der Bundestagsabgeordneten die sozialen Me-

dien gar nicht und 56% nur sporadisch (Hein/Weddeling 2012: 109). Einzelne Politiker wie Dirk Niebel galten aber als besonders rührig in der Kommunikation mit ihren Wähler über das Internet.

Die Macht der neuen Medien nimmt zu und droht *neue Vetogruppen* zu etablieren, weit unkontrollierter als die alten Interessengruppen. Es konnte in Deutschland unlängst geschehen, dass eine Ministerin, wie Sabine Leutheusser-Schnarrenberger, die den ACTA-Gesetzesentwurf ins Kabinett eingebracht hatte, nach zwei Tagen von *„Stoppt Acta-Demonstrationen"* bereits einknickte und neuen Diskussionsbedarf sah. Inzwischen ist das Projekt bereits auf europäischer Ebene gestoppt worden.

Die *Piratenpartei* entstand parallel zur Verbreitung der Smartphones und dem Trend zur Verschmelzung von Handy und Computer. „Prothesengott" hat Sigmund Freud den Menschen einst genannt, der sich mit Werkzeugen und Maschinen zur omnipräsenten Spezies auf Erden entwickelte. Das Smartphone schien der Inbegriff der Ausrüstung des postmodernen Prothesengottes (Tuma 2012: 65). Diese Quasi-Partei - wie man im Vergleich zu den herkömmlichen Parteiorganisationen sagen könnte - wurde zum Erfolgsmuster der neuen Bewegungen, die das *„Prinzip Transparenz"* auf die Fahnen schrieben. Der Staat soll nach dieser Bewegung nur noch „Dienstleister" sein. Frontfrau Marina Weisband erklärte: „Wenn die FDP das Original ist, dann sind wir das Update" (Hank 2012: 38). Die neue Partei, die auf Anhieb in einige Landtage einzog, litt freilich mit ihrem „halbierten Liberalismus" an der Diskrepanz, dass die grenzenlose Transparenzverpflichtung sich mit dem Recht auf Privatheit des Einzelnen vielfach nicht harmonisieren ließ. Kritiker wie der Philosoph Han (2012: 11) witterten bereits eine Kultur des Verdachts, des Spektakels, ja sogar der „Pornogesellschaft", in der die Welt schamloser und nackter wird. Ernsthafte Künstler befürchteten, dass die *„Umsonstkultur im Internet"* und eine halbherzige Urheberrechtspolitik des Bundes die höher entwickelten Teile der Kultur weiterhin in die Unfinanzierbarkeit treiben werden (Greve 2012: 54). Webdesigner Daniel Neumann (2012: 24) bekräftigte gegen die Ängste von Autoren, dass „illegale Tauschbörsen", die Geschäfte mit der Verbreitung kopierter Inhalte machen, von den Piraten nicht gebilligt werden. Sie wollen die Weitergabe von Inhalten nur für private Zwecke und Bildungsvorhaben akzeptieren. Während die Experten im Bundestag ihre unvereinbaren Positionen zum Urheberrecht darlegten, haben sich in den Thesenpapieren von SPD und Piraten erstaunliche Übereinstimmungen gezeigt. (Küchemann 2012: 25). Es sieht so aus, als ob sich der Pulverdampf im Krieg um das Urheberrecht bald verziehen wird, und das Hauptanliegen der Piraten nach einer Weile so problemlos mit Variationen von den etablierten Parteien akzeptiert wird, wie einst die ökologischen Forderungen der Grünen ab 1980. Es gibt bereits Prognosen nach denen ein „linksliberales Mischwesen" entsteht, auch wenn die Piraten sich selbst lieber als „sozialliberal" bezeichnen (Wagner 2012: 10). Nach Bernd Schlömer (2012: 33), dem Vorsitzenden der Piratenpartei bedeutet der Liberalismus eine ordoliberale Ausrichtung. Nicht Gewinnmaximierung, sondern Ausgleich, Fairness und Gerechtigkeit sind das Ziel dieser Partei, die sich jenseits des herkömmlichen Rechts-Links-Schemas platziert. Die Piraten wollen das bedingungslose Grundeinkommen und drohen damit Nachteile der von Hartz IV geschaffenen Verhältnisse zu verstärken (Herack 2012: 27). Die Gefahren eines zu starken Einflusses sind freilich noch gering. Der Parteivorsitzende Schlömer gab zu, dass eine Partei mit 31000 Mitgliedern, die eine Entscheidung aufgrund von 440 Ja-Stimmen und 390 Nein-Stimmen trifft, noch keine „Basisdemokratie" verwirkliche (Schlömer, 2012: 7).

Nachteile dieser digitalen Kommunikationsrevolte sind nicht zu übersehen: es tauchen immer neue Enthüller auf, notfalls der Mob. Die Folge sind immer neue Opfer. Politische Relevanz von Themen wird durch „Interessantheit" abgelöst und neue Formen der Ungewissheit schaffen universalen Verdacht (Pörksen/Detel 2012: 141). Transparenz droht so in neue Intransparenz umzuschlagen, die noch dazu mit immer neuen Enthüllungsängsten belastet erscheint. Die Zyklen von Akzeptanz und Kritik wurden immer hektischer. Die Piratenpartei hatte im Frühjahr kaum an ihrem Programm gearbeitet, als auch schon die ersten Vorwürfe gegen angebliche Plagiate in der Presse auftauchten.

Es lassen sich über die neuen Medien nicht nur Erfolge melden – außer in Diktaturen, wo etwa Chinas Kommunisten die Kontrolle über das Internet entgleitet (Köckritz 2012: 6). Die gute Nachricht: *Zensur funktioniert nicht mehr.* Die neuen Medien verteidigten sich im Namen der *Meinungs- und Pressefreiheit* gegen jede staatliche Regulierung. In defekten Demokratien in Osteuropa und in den Nachfolgestaaten der Sowjetunion stellen die Medien eine Hoffnung dar, solange die alten Medien zunehmend von der Regierung kujoniert werden (Transformation Index 2012: 60f). Sie kämpfen für *Transpa-*

renz, tragen aber vielfach zur Intransparenz bei. Bei Parteien und Interessengruppen sind die Ansprechpartner bekannt. Die neuen Ad-hoc-Zusammenschlüsse, in Amerika oft als *„politics without parties"* genannt, sind punktuell und flüchtig und häufig nicht greifbar (Wefing 2012: 3). Die alten Medien sind hochritualisiert und ihr Verhältnis zur Politik wird in *Pressekonferenzen, Talkshows und Hintergrundsrunden* artikuliert. Die neuen Medien hingegen stärken die *„Neue Unübersichtlichkeit,* die Habermas noch gar nicht kennen konnte, als er diesen Slogan prägte. Einige Kritiker wie Herfried Münkler (2012: 100f) sahen in den neuen Medien bereits einen Beitrag zum Ende der parlamentarischen Demokratie. Deliberation wird zum Dauerzustand wie beim Kampf um den Stuttgarter Bahnhof und eine konsensfähige Entscheidung wird immer schwieriger. Nichtregierungsorganisationen drohen im Chaos widerstreitender Abstimmungen in der „Liquid Democracy" genauso gestärkt zu werden wie die Exekutive gegenüber der Legislative.

2.4 Konklusionen

Die neuen Medien waren 2012 in aller Munde. Die *alten Medien* erwiesen sich freilich im Ganzen noch als entscheidender als *neue Netzwerke im Internet*, wie Facebook und Twitter. Diese sind hingegen entscheidend wichtig, wo die Presse kontrolliert wird wie in den arabischen Ländern oder in Russland. Es gibt jedoch auch Autoren (Buchstein 1996: 603ff), die den „Optimisten" widersprechen. Sie sehen keine Belege dafür, dass die sozioökonomischen Nebeneffekte der Medien der Demokratie keinen Schaden zufügen wird, dass die Netzwerkgemeinschaft mit wachsender Teilnehmerzahl ihren libertären Charakter verliert, und dass die Medienlandschaft künftig offener und dezentralisiert werden könnte. Das Internet fördert die Kommerzialisierung, und Fragmentierung der politischen Öffentlichkeit. *„Mediapolis"* droht den „demokratischen Rubikon" zu überschreiten. Diese Gefahr wird in der Möglichkeit gesehen, welche die Cyberiologen gerade als Chance der Demokratie ansehen: die *plebiszitäre push-button-Abstimmung.* Mit Recht wird geltend gemacht, dass das Netz keine Form einer neuen Öffentlichkeit herstellt. Nur „virtuelle Ortsvereine" und die Präsenz der Abgeordneten im Netz, oder der Einsatz bei lokalen Planungsprozessen werden positiv gesehen. Ansonsten müsste man eine *„demokratische Zensur"* befürworten, wenn man unkontrollierte und aggressive Ausbrüche der Wutbürger kanalisieren wollte. Republikanische Ideale wie „Gemeinwohl" und „allgemeines Interesses" drohen nach dieser Ansicht auf der Strecke zu bleiben.

Die *Macht der Medien* wird generell aufgrund mancher personalisierter Ereignisse *überschätzt*. Die Medien sind im Routinebetrieb der Politik, den es auch gibt, *überwiegend reaktiv und nicht initiativ*. Selbst *Agendasetting* geschieht selten durch Medien, sondern eher durch neue soziale Bewegungen. Solche Initiationserfolge sind aber ebenfalls nicht notwendig von Dauer. Die Issues werden schnell zu Allgemeingut, wie die Ökothemen. Inzwischen konnten auch die etablierten Gruppen in die Kritik der Medien in diesem Bereich geraten: die Vorgänge um den Sprit E 10 blamierte die CDU – nicht die Grünen. Medien müssen sich in der Darstellung von Politik möglichst an die Erfahrung der Menschen halten, die sie ansprechen wollen: eine Mülldeponie im Dorf erscheint leichter als Umweltpolitik verkäuflich als Klagen über das Ozonloch.

Das *Window of opportunity*, das Fenster der Gelegenheit, muss zudem von den Medien gefunden werden. Mächtige Interessen müssen ein Thema aufgreifen, um einem Thema mediale Wirksamkeit zu sichern. Aber schon bei der *Bildinszenierung* kommt es zu Schwierigkeiten. Die Bilder werden größer, der Raum für Texte kleiner. „Der Bildredakteur ist der Sieger der Geschichte". Aber der Alltag der Politik produziert immer die gleichen Bilder. „Sie wollten Erinnerungsfähiges schaffen und rutschen dabei in die Albernheit (Kurbjuweit 2011: 41). Die digitalen Werkzeuge ermöglichen neue Formen der Auseinandersetzung und der Partizipation und forcieren eine bisher unbekannte Geschwindigkeit der Verbreitung und Streuung. Aber sie sind nicht dazu gemacht, das konkrete Geschehen und die jeweiligen Inhalte in einer berechenbaren Weise zu determinieren (Pörksen /Detel 2012: 15). Aber der Hang zur *„Boulevardisierung"* auch vergleichsweise nichtiger Anlässe im Wettbewerb mit überregionalen Medien droht das Image der alten Medien zu schädigen. Diese sind weiterem Druck durch die Provinzialisierung der lokalen Medien ausgesetzt, die sich der Konkurrenz lokaler Anzeigenblätter erwehren müssen (Biallas 2012: 32).

Die zunehmende Unterhaltungsorientierung – vor allem in den privaten Fernsehstationen – führte zu dem, was Populisten und Piraten verbal bekämpfen: zur *Politik als Ware* (Jun 2004: 46, 412). Die Medien sind kein Ersatz für Diskussionen in Mitgliederparteien und die alten Medien büßen angesichts der Fragmentierung der Medienlandschaft nur unwesentlich weniger an Integrationskraft ein als die als altmodisch belächelten Parteien. Ein *postmodernes Störungsverhältnis zwischen Medien und Politik* scheint ein Widerschein der Störung zwischen Bürgern und Eliten zu sein. Bürger und Politiker haben zunehmend ein gestörtes Verhältnis. Journalisten schürten das Feuer mit Genuss und erfanden die *„Dagegen-Republik"*. Im Lichte empirischer Befunde dürften solche Schlagzeilen als übertrieben eingeschätzt werden. Übertreibungen sind auch das Resultat einer Verunsicherung der etablierten Medien durch die neuen Medien. Die alten Medien wittern im Shitstorm der neuen Medien bereits eine Schule der neuen Barbarei. Es droht verloren zu gehen, was die Demokratie am nötigsten Brauch: eine gemäßigte Debattenkultur, die zum Kompromiss führen kann (Kurbjuweit 2012: 25).

Umfragen von Dieter Rucht (WZB) im Oktober 2010 und dem Institut für Demokratieforschung Göttingen, haben die Medienübertreibungen aber vielfach ins rechte Licht gerückt. An medialen Horrorszenarios zeigte sich:

- nur das Altersbias stimmte,
- kaum CDU-Anhänger waren unter den „Dagegen"-Bürgern - im Gegensatz zu den Anhängern der Grünen.
- Rentner fanden sich nur zu 15% unter den Wutbürgern, aber
- immerhin mehr als 2004 bei Hartz IV-Ablehnungen festgestellt wurden.

Als einleuchtende Erklärung für diese Zurückhaltung vieler Alter wurde angeboten:

- Viele alte Menschen hatten in ihrer Jugend selbst demonstriert und standen dem Konfliktkurs offener gegenüber.
- Es werden mehr Rentner und sie sind rüstiger. Eine Demo von Rollator-Fahrern ist gleichwohl nicht zu befürchten.
- Der Bildungstand der Alten ist hoch. Schon im Irak-Krieg hat 2003 das WZB 82% mit Hochschulabschluss festgestellt.
- Ab 68 entdeckte das Bürgertum den Protest für sich.
- Wutbürger lehnten im Gegensatz zu 1968 das System nicht ab. 90% identifizierten sich mit der Demokratie und ihren Werten. Mit der eigenen Lage sind die Protestierer gar nicht so unzufrieden.
- Es sind auch im Ganzen nicht mehr Protestierer als in früheren Zyklen.

- Neu ist das Verhalten der Medien: sie berichten positiv und heizen an – im Gegensatz zu ihrem vielfachen Verhalten bei Hartz IV-Demonstrationen.

Dennoch zeigen wissenschaftliche Umfragen: die Bürger erscheinen erstaunlich verblüffungsfest:

- Sie *erwarten immer weniger* von der Gemeinschaft im Allgemeinen und der Politik im Besonderen.
- Die *Individualisierung der Bürger entlastet* zunehmend die politische Klasse.

Der Durchbruch der neuen Medien wurde vielfach im Zusammenhang mit der Globalisierung allzu negativ gesehen, als Entgrenzung, Zerfaserung und Repräsentationsverlust der politischen Eliten (Leggewie/Maar 1998: 19f; v.Alemann/Marschall 2002: 37). Dem gegenüber kam ein *„Strukturwandel der Öffentlichkeit"* in anderer – wesentlich technizistischerer - Form als von Habermas prognostiziert zu Stande, der die Autonomie der Bürger in einer Zivilgesellschaft stärkte. Was die Kritiker der Medialisierung unterschätzten, war das Ausmaß an *Regulierung*, das die Systeme entwickeln. Es ist freilich die These vertreten worden, dass Regulierung eigene Formen von Konflikten schafft, die sich von den Konfliktmustern distributiver und redistributiver Politik unterscheiden und in ihrer Wirkung uneindeutiger und undurchsichtiger sind (Busch 2012: 14).
Seit David Eastons Resümee in seinen Systemanalysen wissen wir:

- Die Kritik am Detail der Politik wird immer härter,
- eine Ablehnung des Gesamtsystems der Demokratie folgt jedoch daraus immer weniger.

Was die Systemtheorie einst eher postulierte wurde durch die empirische Forschung auch nach neueren Demokratiekrisen bestätigt (Norris 2011: 245): Die Spannungen zwischen Ideal und Wirklichkeit ist fruchtbar, um Demokratie nicht erstarren zu lassen:

- Auf der *Nachfrageseite* werden die Ansprüche der Bürger größer.

- Die *Angebotsseite* von Medien und Politikern stellt sich jedoch auf diese erhöhten Aspirationen mit gewissen Verzögerungen ein.

Aus beiden Trends könnte eine Transformation der Demokratie entstehen, die das Gerede über „Postdemokratie" überflüssig macht, und in eine neue widersprüchliche aber effiziente Neodemokratie einmündet.

Literatur

v. Alemann, Ulrich / Marschall, Stefan (Hrsg.): Parteien in der Mediendemokratie. Wiesbaden, Westdeutscher Verlag, 2002.

Biallas, Jörg: Ungenutzte Potenzialer? Zur Relevanz von Regional- und Lokaljournalismus. APuZ, 29-31, 2012: 28-32.

Brauck, Markus u. a.: In Stuhlgewittern. Wer sich öffentlich äußert, ist von Internet-Hasstiraden bedroht. Der Spiegel, 17, 2012: 88-91.

Brobst, Marc: Eine Machtprobe. Der Präsident klammert sich an sein Amt, die Medien klammern sich an das Thema. Die Affaire Wulff wird zur Posse. Die Zeit. Nr. 3, 12. 1. 2012: 1.

Bulban, Franziska: Bitte nicht füttern! Sie spielen Streiche und schreiben Hasstiraden. Trolle sind die Störenfriede des Internets. Die Zeit, Nr. 10, 2012: 5.

Buchstein, Hubertus: Bittere Bytes: Cyberbürger und Demokratietheorie. Deutsche Zeitschrift für Philosophie, 44, 4, 1996: 583-607.

Bürger, J. u. a.: In eigener Sache. Zeitmagazin Nr. 16, 2011:17-22.

Burmeister, K.: Die Professionalisierung der Politik am Beispiel des Berufspolitikers im parlamentarischen System der Bundesrepublik Deutschland. Berlin, Duncker & Humblot 1993.

Busch, Andreas: Politische Regulierung von Information – eine Einführung. PVS-Sonderheft 46/2012: 1-24.

Clemenz, Manfred: Shows, die keine sein wollen. Der Spiegel, 47, 2011: 148-149.

Crouch, Colin: Postdemokratie. Frankfurt, Suhrkamp, 2008.

di Lorenzo, Giovanni: Die richtige Quote. Die Zeit. Nr. 10, 2012: 1.

Ebbinghaus, Uwe: Wer hat Angst vor Anarchismus? FAZ 28. 1. 2012: 21-22.

Falter, Jürgen W.: Politik als Inszenierung. Ein Essay über die Problematik der Mediendemokratie in 24 Punkten. In: v. Alemann, Ulrich / Marschall, Stefan (Hrsg.): Parteien in der Massendemokratie. Wiesbaden, Westdeutscher Verlag, 2002: 420-430.

Finger, Evelyn: Stellvertreter auf Erden. Der Freiheitsprediger und ehemalige Pastor Joachim Gauck überzeugt auch Atheisten. Die Zeit, 23. Febr. 2012: 58.

Greve, Jochen: Wir werden enteignet! Die Zeit, Nr. 15, 2012: 54.

Han, Byung-Chul: Transparent ist nur das Tote. Die Zeit, Nr. 3, 2012: 41.

Han, Byung-Chul: Alles wird schamloser. FAS Nr. 11, 2012: 13.

Han, Rainer: Nichts geht über Transparenz. FAS Nr. 13, 2012: 38-39.

Hank, Rainer: Nichts geht über Transparenz. FAS Nr. 13: 38.

Hasebrink,Uwe / Lampert, Claudia: Kinder und Jugendliche im Web 2.0 – Befunde, Chancen, Risiken. APuZ 3, 2011: 3-10.

Hein, J. P. / Weddeling, B.: Trotz Twitter nicht fitter. Focus, 20, 2012: 108-109.

Herack, Marco: Ihr seid wahrlich systemrelevant. FAZ 10. 7. 2012: 27.

Hickmann, Christoph: Plaudern ohne Filter. Parteichef Sigmar Gabriel teilt sich neuerdings gern bei Facebook mit. Der Spiegel, 5, 2012: 33.

Jun, Uwe: Der Wandel der Parteien in der Mediendemokratie. SPD und Labour im Vergleich. Frankfurt, Campus, 2004.

Knuth, Nathalie: Oneline-Campaigning, dargestellt an den Wahlen zum Deutschen Bundestag 1998-2009 im Vergleich zum US-amerikanischen Online-Campaigning im Rahmen der Präsidentschaftswahlen 2000-2008. Heidelberg, Diss. 2010.

Köckritz, Angela: Die KP bloggt zurück. Die Zeit, Nr. 31, 26. 7. 2012: 6.

Küchemann, Frdtjof: Raus aus den Schützengräben. FAZ 22. 5. 2012: 25.

Kümmel, P. : Burnout-Werbung. Die Zeit, Nr. 10, 2012: 43.

Kurbjuweit, Dirk.: Triumph der Albernheit. Warum Politikerfotos oft so seltsam wirken. Der Spiegel, 45/2011: 38-41.

Kurbjuweit, Dirk: Die Freiheit der Wölfe. Wird das Internet zu einer Schule der neuen Barbarei? Der Spiegel, 16, 2012: 24-25.

Langguth, Gerd: Kohl, Schröder, Merkel. Machtmenschen. München, dtv 2009.

Leggewie, Claus / Maar, Christa (Hrsg.): Internet Politik. Von der Zuschauer- zur Beteiligungsdemokratie. Köln, Bollmann, 1998.

Leif, Thomas u.a. (Hrsg.): Die politische Klasse in Deutschland. Bonn, Bouvier 1992.

Leif, Thomas: Beraten und verkauft. McKinsey & Co. Der große Bluff der Unternehmensberater. München, Bertelsmann 2006, 6. Aufl.

Lepsius, Oliver / R. Meyer-Kalkus (Hrsg.): Inszenierung als Beruf. Der Fall Guttenberg. Frankfurt, Suhrkamp, 2011.

Leggewie, Claus /Maar, Christa (Hrsg.): Internet und Politik. Von der Zuschauer- zur Beteiligungsdemokratie. Köln, Bollmann, 1998.

Marschall, Stefan: Parteien und Internet – Auf dem Weg zu internet-basierten Mitgliederparteien? APuZ B 10, 2001: 38-46.

Merkel, Wolfgang: Krise der Demokratie: Mythos oder Realität? In: Harald Bluhm u. a. (Hrsg.): Ideenpolitik. Geschichtliche Konstellationen und gegenwärtige Konflikte. Berlin, Akademie-Verlag, 2011: 438-448.

Merten, K.: Django und Jesus. Verbal-nonverbales Verhalten der Kanzlerkandidaten Kohl und Rau im Bundestagwahlkampf 1987. In: M. Opp de Hipt /E. Latniak (Hrsg.): Sprache statt Politik. Opladen, Leske, 1991: 188-210.

Meyer, Thomas: Mediokratie: Die Kolonisierung der Politik durch die Medien. Frankfurt, Suhrkamp 2001.

Müller, A.: Machtwahn: wie eine mittelmäßige Führungselite uns zugrunde richtet. München, Droemer Knaur 2006.

Münkler, Herfried: Die rasenden Politiker. Vom absehbaren Ende der parlamentarischen Demokratie. Der Spiegel, 29/ 2012: 100-101.

Netzdeutsch für Anfänger. Die Zeit, Nr. 10, 2012: 4.

Neumann, Daniel: Der Kopierschutz soll weg! Die Zeit, Nr. 21, 2012: 24.

Niggemeier, Stefan: Im Namen des Volkes. Den Ansprüchen, die viele Journalisten an den Bundespräsidenten haben, werden sie selbst oft nicht gerecht. Der Spiegel, Nr. 3, 2012: 140-142.

Norris, Pippa: Democratic Deficit. Critical Citizens Revisited. Cambridge, Cambridge University Press, 2011.

Pfetsch, Barbara – Marcinkowski, F.: Politik der Mediendemokratie, PVS Sonderheft, Wiesbaden, VS Verlag, 2009.

Pörksen, Bernhard / Detel, Hanne: Kollaps der Kontexte. In der Digital-Ära wird der Kontrollverlust zur Alltagserfahrung. Der Spiegel, 14, 2012: 140-141.

Pörksen, Bernhard / Detel, Hanne: Über die Zukunft der Enthüllung – Journalismus in einer veränderten Medienwelt. APuZ 29-31, 2012: 9-15.

Priester, Karin: Populismus: Theoretische Fragen und Erscheinungsformen in Mittelosteuropa. In: Otten, Henrique Ricardo / Sicking, Manfred (Hrsg.): Kritik und Leidenschaft. Vom Umgang mit politischen Ideen. Bielefeld, Tanscript, 2011: 49-65.

Probst, Maximilian / Trotier, Kilian: Lernt zu teilen! Bevor es zu spät ist. Die Zeit, Nr. 12, 2012: 54.

Puhle, Ulrich/Würzberg, H. G.: Lust und Frust. Das Informationsverhalten des deutschen Abgeordneten. Köln, Informedia 1989.

Ramge, Th.: Die großen Polit-Skandale. Eine andere Geschichte der Bundesrepublik. Frankfurt, Campus 2003

Ramonet, Ignacio.: Die Krise der Medien und die fünfte Macht. In: Wochenzeitung, 2. 6. 2005.

Reinhardt, Fabio: Lobbyismus in LiquidFeedback. FAZ. 18. 4. 2012: 10.

Reinke, M.: Yes we can? Erfolgsgeschichte des Barack Obama – Ein Vorbild für den deutschen Wahlkampf? Stuttgart, ibidem-Verlag, 2010.

Rosenfeld, D.: Landung im Sturm. Wie ein Shitstorm im Internet aus dem CDU-Hinterbänkler Ansgar Heveling ein Medienereignis machte – für einige Tage. Die Zeit, Nr. 10, 2012: 3.

Sarcinelli, Ulrich: Politische Kommunikation in Deutschland. Wiesbaden, VS 2009, 2. Aufl.

Sattar, M.: Ein weiter Bogen nach links. Sigmar Gabriel beendet die Steinbrück-Festspiele in der SPD. FAZ. 6. 12. 2011: 3.

Schiffer, Sabine.: Informationsmedien in der Postdemokratie. APuZ 1-2, 2011: 27-32.

Schimmeck, Tom: Am besten nichts Neues. Reinbek, Rowohlt, 2010.

Schlipphak, B.: Framing Ideology. Die Kommunikation ideologischer Positionierungen zwischen Parteien, Wählern und Medien. Baden-Baden, Nomos, 2011.

Schlömer, Bernd: „Die CDU ist offen für uns". Focus 22, 2012: 32-34.

Schlömer, Bernd: „Das ist doch keine Demokratie". Die Zeit, 31. 5. 2012, Nr. 23: 7.

de Souza Soares, Philipp Alvares.: Ein bleibender Schock. Die Berliner Soziologin Naika Forouta kritisierte Thilo Sarrazin. Seine Anhänger bombardierten sie dafür mit Hassmails. Die Zeit, Nr. 10, 2012: 3.

Staun, Harald.: Zwischen Mainstream und Volkes Seele. FAS 15. 1. 2012: 29.

Staun, Harald: Was genau war denn früher besser? Das Beschwören des Untergangs des Qualitätsjournalismus ist ein eigenes Berufsfeld geworden. FAS 29. 7. 2012: 25.

Transformation. Index BTI 2012. Political Management in International Comparison. Gütersloh, Verlag Bertelsmann Stiftung, 2012.

Tuma, Thomas: iPhone, also bin ich. Der Spiegel, 27/ 2012: 62-72.

van Rossum, Walter: Die Tagesshow. Köln, Kiepenheuer & Witsch, 2007.

Wagner, Marie Katharina.: Der Mythos vom Wutbürgertum. FAZ. 11. 3. 2011: 12.

Wagner, Marie Katharina: Matt, müde, mittellos. Die Piraten sind erschöpft – und müssen trotzdem dringend an ihrem Programm arbeiten. FAZ. 25. 5. 2012: 10.

Wagschal, Uwe: Der Parteienstaat in der Bundesrepublik Deutschland: Parteipolitische Zusammensetzung seiner Schlüsselpositionen. ZParl, Jg.32, Nr.4 2001: 861-868.

Walter, F.: Führung in der Politik. Am Beispiel sozialdemokratischer Parteivorsit-
zender. ZfP, Jg 7, Nr. 4, 1997: 1287-1336.

Wefing, Heinrich: Wir! Sind! Wütend! Eine neue Macht schallt aus dem Internet.
Die Stimme der vielen. Die Zeit, Nr 10, 2012: 3.

Weischenberg, Siegfried: Schreinemakerisierung unser Lebenswelt. Hamburg,
Rasch & Röhring, 1997.

Wieselmann, B.: Erst grübeln, dann dübeln. Südwest-CDU sucht ihre neue Rolle
als Oppositionspartei. Mappus bestreitet Stasi-Vorwurf gegen die Medien
ab. RNZ 19. 4. 2011: 12.

Zielmann, S. / Röttger, U.: Characteristics and Developments of Political Party
Web Campaigns in Germany, France, the United Kingdom, and the United
States between 1997 and 2007. In: S. Baringhorst u. a. (Hrsg.): Political Cam-
paigning on the Web. Mediumumbrüche, Bd. 37, Bielefeld, Transcipt Verlag,
2009: 69-92.

3 Neue Formen der Partizipation und die Gefahren von Populismus und Rechtsextremismus

3.1 Definitionen, Kriterien, Typologien und Entwicklungsstadien des Populismus

Die neue Kampagne um die *Postdemokratie,* seit Colin Crouch (2005, 2008: 13) geht davon aus:

- die Institutionen bleiben *formal intakt,*
- aber *die politischen Verfahren ändern sich* durch wachsenden Einfluss privilegierter Eliten, die das egalitäre Projekt der alten Linken unterminieren.

Unaufhörlich werden zur Rettung der Demokratie in der Postdemokratie neue Formen der Partizipation angemahnt, welche die Kluft zwischen Politik und Volk verringern. Aber wie bei der zunehmenden Aktivität der Medien (Kap. 2) entstehen nicht nur erwünschte Exemplare der Partizipation. Populismus erscheint als eine Folge der Entwicklung zur Postdemokratie. Diese Entwicklung wurde mit mehreren Prozessen identifiziert:

- der Erosion der Parteien,
- der Medialisierung der Politik,
- und dem Aufstieg der Experten auf Kosten der Partei-Eliten.

Fukuyama (2012: 86), der 1989 leichtfertig das „Ende der Geschichte" ausgerufen hat, sah neuerdings im Populismus einen neuen Akteur (z.B. der *Tea Party,* oder der *Occupy-Bewegung).* Er führte diesen Prozess auf den *Niedergang der Mittelklasse* zurück, ausgelöst durch den technologischen Wandel und die Globalisierung, welche die Mittelklasse erodieren lassen. Diese Entwicklung führte seiner Ansicht dazu, dass die Politiker nicht mehr rational entscheiden könnten. Fukuyama sah nun das Ende des „amerikanischen Traums", das man vom Tellerwäscher zur Oberschicht aufsteigen könne. Die Chancen dafür sah er seltsamer Weise größer in Europa als in den USA. Vielfach wird in den populistischen Bewegungen kein vorübergehendes Strohfeuer mehr gesehen. Die Kombination aus Gegnerschaft gegen abgehobene und korrupte Eliten einerseits und die Fremden und religiösen Minderheiten andererseits dient zur Vorspiegelung eines „moralisch reinen Volkskörpers", den die Populisten repräsentieren (Müller, 2012, 13). Inzwischen tauchen immer neue Bewegungen auf – wie die Piraten – die sich als Inkarnation des „wahren Wählerwillens" propagieren. Die traditionellen Parteien rücken in die Mitte und kämpfen um die „*Medianwähler*". Im Vergleich deutscher Länder konnten sich nur die konservativsten Systeme, wie Bayern, leisten, klare rechte Positionen einzunehmen (Plickert, 2012: 32; Potrafke 2012). So schien es der CSU möglich, sich gegen rechtspopulistische Herausforderungen zu behaupten. Populismus beansprucht nach Ansicht eines Kritikers (Möllers 2009: 33), „demokratischen Willen ohne demokratische Formen zum Ausdruck zu bringen". Sicher ist der These zuzustimmen, dass Demokratie und Populismus zu unterscheiden sind (Laclau 2007: 157ff) – während populistische Propaganda gern ihre Deckungsgleichheit betont. Aber zur Demokratie gehört ein geordnetes Verfahren. Es reicht nicht auf der Straße zu verkünden, die Bewegung sei „das Volk". Immerhin wird konzediert, die gut organisierte Minderheit und ihre Aktionen haben demokratische Bedeutung ohne demokratische Form. Man muss auf populistische Initiativen reagieren, auch wenn es an Regeln der Demokratie fehlt, wie man mit dem Populismus umgehen soll (Möllers 2009: 33f).

Nach Ansicht wichtiger Populismusforscher (Canovan 2006: 544, 522; Priester 2011: 51) sind alle Versuche einer generellen Populismustheorie gescheitert. Daher müssen wir uns auf deskriptive Typologien beschränken. Nachteil dieses Verzichts auf eine generelle Theorie: der Ausdruck Populismus wurde denn auch in der politischen Auseinandersetzung inflationiert, wie es einst dem *Korporatismus*, dem Erzfeind des Populismus, erging, und zur Zeit der *Globalisierung* oder der *governance* widerfährt. Ubiquitär und unscharf wurde das Populismus-Etikett, wenn es als Vorwurf in die Politik Einzug hielt, etwa als man Seehofer vorwarf, dass er „Popularität" mit „Populismus" verwechsle. In der Politik wird der Populismus-Vorwurf gern für eine angeblich unrealistische und unbezahlbare Politik aus Wahlkampf-

Opportunismus eingesetzt. Populismus im engeren Sinne gilt als reaktives Produkt der Moderne, getragen von Gruppen, die sich als Verlierer des Modernisierungsprozesses empfinden (Puhle 2011: 30). Populismus spielt auf „das Volk" an. Aber der Volksbegriff variierte in populistischen Programmen von einer exklusiven Gruppe (wie die *Hackerszene* bei den Piraten) bis zu dem ursprünglichen Sinn des „einfachen Volkes" (Becker, 2012: 33; Canovan 2004: 248). Gern usurpierte der Populismus den Begriff der „wahren Demokratie" für sich. Aber das demokratische Projekt bedurfte komplizierter Institutionen. Selbst die Referendumsdemokratie im Zusammenspiel von Volksabstimmungen und den fortbestehenden repräsentativen Gremien und Ämtern ist kein so leichtes Modell, dass jeder Bürger durchschaut.

Der Populismus ist Folge eines grundsätzlichen Wandels der Parteiensysteme, vor allem

- seit die Linke in den südeuropäischen Ländern verdrängt wurde,
- und die Sozialdemokratie im Niedergang begriffen war.

So konnte der Terminus „*Wutbürger*" von der Gesellschaft für deutsche Sprache zum „Wort des Jahres" gekürt werden. Trotz des Aufstiegs der Grünen fühlten sich einige Teile der Bürger als entfremdet. Vor allem „*submissiveness*" in den Attitüden hat einen neuen politischen Autoritarismus gefördert (Rathkolb/Ogris 2010: 37). Als postmoderne Demokratien begannen, die Sozialausgaben zu kürzen, wurden auch linke Gruppen zu Verteidigern des Status-quo und als Populisten bezeichnet, mit einem Terminus, der bis dahin überwiegend in die Nähe des Rechtsextremismus gerückt wurde. Vor allem in Osteuropa unter den neuen Demokratien gab es starke Identitätsprobleme durch nationale Irredentas und Minoritätenprobleme (Merkel 2010: 327). So war es zu erklären, dass Ungarn – ein Land, das unter dem Kommunismus zur Vorhut demokratischer Aufmüpfigkeit gehörte, nach dem ersten demokratischen *honey moon* unter Orbán populistisch wurde. Eine Erklärung dafür war, dass Ungarn sich nach den zwei Weltkriegen durch Verlust weiter Teile, die von Ungarn besiedelt waren, als „Opfer der Geschichte des 20. Jahrhunderts" fühlte (v. Klimó in: Rathkolb 2010: 89). Auch in Österreich ist der Aufstieg des Populismus durch historische Entfremdung erklärt worden. Sie führte dazu, dass Österreicher in Umfragen mehrheitlich für die Aufnahme von Ungarn in die EU waren, nicht aber für die Aufnahme von Tschechien und Polen (nur 37%) (Rathkolb 2010: 132).

Der Aufstieg des Populismus ist auch mit der Hypothese analysiert worden, dass die großen Parteien der Mitte sich immer ähnlicher wurden. Keine Einigkeit herrscht freilich unter den Analytikern, wo die Balance zwischen extremer Lagerbildung wie in der Weimarer Republik und postdemokratischer Uniformität liegt (Probst 2011: 61). Im Gegensatz zum Populismus in den Nachkriegsjahren ist jedoch die Entfremdung der Bürger nicht nur in Passivismus umgeschlagen, der sich in immer geringerer Wahlbeteiligung niederschlug. Es kam vielfach zur *„partizipatorischen Protestdemokratie"* (Niehuis 2011: 32ff), genährt von Vorurteilen gegen die Parteien. Der „Wutbürger" lässt keinen politischen Quietismus zu.

Wutbürger können auch vergleichsweise gelassen auftreten, wie zurzeit die *Piratenpartei* in Deutschland, die sich als „update" der liberalen Partei FDP empfindet und in vielem keineswegs links auftritt. Führung ist in dieser Partei verpönt. Leitende Figuren bleiben „Stichwortgeber" für die *Generation Social Media*. Die Stichworte sind relativ einseitig pointiert. Transparenz ist das Stichwort, das gegen den angeblichen Überwachungswahn des Staates richtet, der unaufhörlich dem Verdacht nachgeht – gegen Geldwäsche, Steuerhinterziehung, Vorteilsnahme im Amt (Hank 2012: 38). Die Gegenbewegung verabsolutiert in einem „halben Liberalismus" die Transparenz und reduziert den Staat auf Dienstleistungsfunktionen. Selbst die Grünen gelten schon als zu etabliert. Die Piraten wirken auf die Jugend attraktiv, weil sie kein Programm formulieren, und radikale Gleichheit anstreben (Pham 2012: 1). Sie sind keine Organisation, sondern ein Netzwerk und passen zu dem, was die Jugend im Internet täglich erlebt und praktiziert. Selbst der herkömmliche Populismus erscheint mit dieser radikalen partizipatorischen Demokratie-Vorstellung schon obsolet.

Mit den Piraten ziehen *digitale Verhaltensmuster* in die Parlamente ein. Gesetzgebung wird gleichsam als Computerspiel vorexerziert, wie unlängst beim Antrag des Kommunikationsberaters Jan Hemme, der vom Laptop ins Abgeordnetenhaus katapultiert wurde und auf Anhieb mit großer Mehrheit angenommen wurde. Neologismen kursieren, wie *„Gamification"* (Becker / Rosenbach 2012: 26). Repräsentative und direkte Demokratie scheinen sich zunehmend in lockerer Weise im *„liquid feedback"* zu ergänzen. Die Gefahr, dass eine aktive Minderheit im Internet sich durchsetzt, da nur eine winzige

Minderheit an den inszenierten Abstimmungen teilnimmt, bleibt jedoch ein Manko dieser „flüssigen Demokratie-Konzeption". Noch fasziniert freilich die Möglichkeit, dass die Basisdemokratie im Digitalzeitalter optimiert werden kann: Vorschläge, Änderungsanträge, Abstimmungen – alles lässt sich in der *Liquid Democracy* in wenigen Stunden bürgernah inszenieren (Kurz 2012: 113). Dass ein Ergebnis hochwertige Diskurse und kein Chaos sein werden, ist freilich noch nicht bewiesen. Private abstruse Behauptungen drohen neben gut recherchierten Enthüllungen zu stehen. Unbekannte können zum Objekt kollektiver Empörung werden und der Skandal droht ubiquitär zu werden (Pörksen/Detel 2012: 141). „Fünfminuten-Piraten", die gerade erst zur Partei gestoßen sind, drohen die Diskussion zu usurpieren und die bisherigen Kandidaten für Parlamente mit ihren Versuchen, sie „zu grillen", von ihrer Arbeit abzuschrecken. Es werden dabei weniger programmatische Inhalte als die bloße Methode des Mitredens und am „Computer mitmachen" gefördert. Mit herkömmlichen Rechts-Populisten haben die Piraten gemein, dass es sich meist um Männer handelt – im Gegensatz zu den Rechtspopulisten jedoch um Männer mit einem höheren Bildungsniveau. Ähnlich wie bei den traditionellen Populisten stößt nur eine Minderheit wegen des Programms zur Partei, sondern aus Unzufriedenheit mit den traditionellen Parteien. (Becker u. a. 2012: 36ff).

Diese Entwicklung zur radikalen Internet-Demokratie wurde verstärkt durch den Aufstieg der Experten. *Außerparlamentarische Expertengremien* haben die Demokratien stark verändert. Noch kam es aber nur unter Mario Monti zu einer „Politik ohne Politiker". Das italienische Kabinett nach Berlusconis Abgang war ausschließlich von Fachleuten besetzt. Mehr als die Hälfte des Kabinetts waren nach Presseberichten Universitätsprofessoren. Weniger radikale Experimente hatte es in Vielparteiensystemen öfters gegeben. In der Weimarer Republik waren jedoch die „*Sachwalterkabinette*" meist nicht sehr erfolgreich. Immer wieder ist gegen die „*Verbonzung*" (Helmut Kohl) der Parteiendemokratie gewettert worden. Empirische Studien zeigten aber, dass die deutschen Parlamentarier eher ein eingeschränktes und nüchternes Amtsverständnis haben. In der deutschen Parlamentarierstudie (DEUPAS) zeigten die Mandatsträger der vier wichtigsten demokratischen Parteien, dass sie die Zuständigkeit für gesellschaftliche Innovation bei den Bürgern verorten und nicht bei der Wirtschaft oder der Politik (v. Alemann u. a. 2011: 32). Grund dafür ist die Segmentierung der Politik, die Abgeordnete auch zu beschränkten Experten werden lässt. Man wundert sich dann allerdings, dass die Bewegung für den Ausbau der Referendumsdemokratie nicht stärker ist. Stuttgart 21 hat die Stimmen in Politik und Wissenschaft eher wieder skeptischer werden lassen (Merkel 2011: 49ff).

Das *Modell der Sachschlichtung* erwies sich in Umfragen als sehr beliebt bei den Bürgern. Runde Tische gab es schon länger. Hier aber wurde eine neue Form von Bürgerbeteiligung ausprobiert. Erfolgreich kann dieses Modell aber nur werden, wenn Kritiker und Befürworter von Projekten paritätisch angehört werden und ein neutraler Moderator die Verhandlungen leitet (Brettschneider 2011: 42, 46). Weniger optimistisch sind viele Analytiker hinsichtlich der *Referendumsdemokratie.* Sie haben zur Intensivierung der Diskurse bei Sachfragen wie dem EU-Beitritt beigetragen, zumal mit der Frage keine der üblichen Personaldebatten verbunden waren. Aber in der Policy-orientierten Alltagsdemokratie haben diese Erfolge auch in der Schweiz sich kaum gezeigt. Volksabstimmungen haben nicht das Volk als Ganzes, sondern meist gut repräsentierte Mittelschichten dank ihrer Lobby-Organisationen gestärkt (Merkel 2011: 52, 55). Die weniger gut situierten unteren Mittelschichten antworten auf diese Erfahrungen einer selektiven Repräsentation „des Volkes" nicht selten mit populistischen Tendenzen. Die Schweiz zeigte, dass Referenden kein Mittel gegen Populismus sind. Selbst hier hat der Populismus um Blocher das Parteiensystem durcheinander gewirbelt. Das hinderte freilich nicht, dass Peter Köppel (2011), Chefredakteur der „Weltwoche" in Zürich, den Deutschen immer wieder das Schweizer Vorbild empfahl.

Wenn nationale Regierungen Misserfolge der Politik damit entschuldigen, dass sie auf die Restriktionen hinweisen, die ihnen die Europäische Union auferlegt, werden die Gegner der unpopulären Maßnahmen wegen ihrer „populistischen Unverantwortlichkeit" getadelt. Damit ist ein Element des Populismus erhellt: Populisten rebellieren gegen die angeblichen Sachzwänge. Im Gegensatz zur Revolutionären tun sie das jedoch weitgehend innerhalb der Spielregeln des Systems.

Komplexe Typologien in der Literatur (Lang 2007: 133) unterschieden 6 Typen des Populismus:

- Zentristen,
- Soziale Populisten,

- Nationalkonservative,
- Agrarische Populisten,
- Nationalisten,
- Radikale linke Populisten. Letztere wurden von ihren Anhängern ungern als *„anarchistisch"* geoutet, weil der Terminus Anarchismus noch immer mit dem Odium der Gewaltätigkeit identifiziert wird.

Neuerdings gibt es die *Occupy-Bewegung,* die nach dem Scheitern des realen Sozialismus die wichtigste Form einer anarchoiden linken Utopie der Zukunft verkörpert (Ebbinghaus 2012: 21). Nur wenige *Impulsgeber* – von Führern sprechen solche Bewegungen nicht, und es gibt allenfalls latente Führer im Hintergrund, wie Micah White und Kalle Lasn, welche die Zeitschrift *„Adbusters"* herausgaben,- bekannten sich als „mystische Anarchisten". Gemeinsam ist diesen neuen Linkspopulisten das Bekenntnis zur *„projektgebundenen Bezugsgruppe"* im Gegensatz zum Parteieintritt.

Im historischen Durchschnitt gehörten zu den Grundannahmen der Populisten:

- Populistische Propaganda ist *weniger programmatisch als moralistisch.* Da Populisten vielfach ein Bias gegen die Wissenschaft und den angeblich inhumanen Rationalismus haben, appellieren sie gern an weit verbreitete Vorurteile im Volk, nehmen aber ungern an kontroversen rationalen Debatten teil. Sie bevorzugten Verschwörungsmythen mit Appellen wie „Wir sind betrogen worden" oder „die politische Klasse hat das Volk vernachlässigt". Politische Tugend ist nach populistischer Auffassung nur im einfachen Volk und seinen kollektiven Traditionen zu finden. Der Liberalismus wurde vielfach zu einer „Philosophie marginaler Gruppen" deklariert. Die großen politischen Ideologien wie Liberalismus und Sozialismus haben nach der Ansicht von Populisten „abgewirtschaftet". Populistische Führer treten gern als Verteidiger der Freiheit auf, die sie gegen angeblich „fundamentalistische Rettungsideen" verteidigen (Haider 1994: 28, 24).
- Populisten geben vor, die *Korruption der etablierten Eliten zu bekämpfen.* Sie ziehen dabei den negativ belasteten Terminus *„politische Klasse"* vor, weil im Begriff „Elite" noch positive Konnotationen mitschwingen.

- Populisten haben *selten eine konsistente Doktrin entwickelt,* schon weil viele als *„single-issue-movement"* starteten. Es kam nicht zu einem System verbundener Glaubensinhalte in einer Ideologie, sondern zu einer Überschätzung eines Problems in der jeweiligen Gesellschaft. In der Dritten Welt entwickelte sich vielfach eine Symbiose von Primitivismus und Progressivismus, der an agrar-sozialistische Ideen erinnerte – etwa in der Mystifikation des aztekischen Erbes in Mexiko.

Klassen wurden in populistischen Programmen sekundär. Es kam ihnen gelegen, dass auch die empirische Forschung in den 1990er Jahren gern die *„Milieus"* und ihre *„Lebensstile"* betonten. Daher hat zur Verwunderung einiger Populismusforscher ein ernstes Problem für alle Ideologien wie die Arbeitslosigkeit unter der Gefolgschaft der Populisten nicht die erwartete Rolle gespielt (Betz 1994: 114). Drei von acht entwickelten Milieus waren bevorzugtes Rekrutierungsgebiet für populistische Bewegungen:

- das kleinbürgerliche Milieu,
- das hedonistische Milieu und
- das alternativ-linke Milieu (Faltin 1990: 81ff).

Die materialistischen Hedonisten erwiesen jedoch als schwer mobilisierbar. Neue soziale Bewegungen sind vielfach als *„fuzzy systems"* angesehen worden. Postmaterialismustheorien haben zudem vielfach die Möglichkeiten überschätzt, nachgewiesene populistische Attitüden in Mobilisierung und Organisation umzusetzen. In der NPD-Verbotsdebatte wurde 2012 vielfach die Bedeutung eines Parteiverbots überschätzt. Die NPD wird von vielen Neo-Nazis schon als *„altertümlicher Populismus"* eingeschätzt. Die NPD verliert ständig an Mitglieder. Der Rechtsextremismus tobt sich im Internet mit *flashmobs* aus (Müller, 2012: 7). Angesichts der diffusen Strukturen sind Verbote extremistischer Botschaften im Internet – wie Sarkozy sie im März 2012 nach den Attentaten von Toulouse vorschlug – vermutlich nicht erfolgreich.

3.2 Die neue normative Debatte über Demokratie und die Vorzüge und Fehlschläge des Populismus

Etablierte Parteien benutzten den Terminus „Populismus" überwiegend als Schimpfwort. Dabei war man nicht immer konsequent: Gandhi und de Gaulle waren „gute Populisten" – Sinn Fein und Basken Führer galten als die normativ verwerflichen Populisten. Selbst Deutschland unter dem Nationalsozialismus wurde als „populistische Ordnung", die keine Demokratie darstellte, eingeordnet (Möllers 2009: 35). Kriterium für solche Klassifikationen war mit Recht die Nähe einer Bewegung zu terroristischer Gewalt. In Deutschland – dem Land, das die Möglichkeit eines demokratischen Parteienverbots erfand, das in anderen Ländern bis nach Russland gelegentlich nachgeahmt wurde – hat man anfangs sogar ein Verbot populistischer Bewegungen erwogen. Allerdings ist man selbst im Falle von klar rechtsextremistischen Parteien wie der NPD in diesem Punkte aufgrund von Fehlschlägen vorsichtig geworden.

Inzwischen wurde der Populismus in der Wissenschaft sogar gelegentlich positiv gewertet im Hinblick auf zwei Vorzüge:

- Er erwies sich gelegentlich als nützlich im Bereich des *Agenda-Setting* und in der Herausstellung neuer Themen, die bald von den etablierten Parteien übernommen wurden.
- Die *negativen Befürchtungen* hinsichtlich der ruinösen Wirkung der Populisten auf das System der repräsentativen Demokratie erwiesen sich als übertrieben.

Die anfänglichen Verdikte gegen den Populismus wurden durch einige Erfahrungen gemildert:

- Der Populismus wurde von charismatischen Führern wie Poujade oder Le Pen in Frankreich organisiert. Aber schon Max Weber erkannte das Phänomen einer *„Veralltäglichung des Charismas"*. *Routinisierung* und Integration in den Prozess des Parlamentarismus haben populistische Bewegungen oft rasch desintegrieren lassen. In einigen Ländern trat eine *„Intellektualisierung"* der populistischen Führung ein, und die Erosion der Folgebereitschaft wurde zur Konsequenz, weil „das Volk" der pauschalen Slogans bald müde wurde (Stöss 2000: 178). Ein Mangel an Professionalität der populistischen Führung erwies sich im parlamentarischen Alltagsgeschäft als nachteilig. Populistische Politikstile breiteten sich unter den alten Parteien aus, und die kleineren populistischen Gruppen verloren ihren Anfangsvorteil. Diese Erfahrung hinderte engagierte Wissenschaftler wie Chantal Mouffe (2011: 5) nicht, eine stärkere *Emotionalisierung* vorzuschlagen. Die Politik des Konsenses in der gesellschaftlichen Mitte durch Annäherung der Linken an die Rechte, die Colin Crouch für das Abgleiten in die Postdemokratie verantwortlich machte, sollte wieder aufgegeben werden, weil sie zur Bedeutungslosigkeit der demokratischen Institutionen geführt habe. Dabei wird übersehen, dass diese Annäherung den Vorteil hat, dass die großen Parteien sich zur Abwehrstrategie zusammenschließen, falls ein Populismus in einen gefährlichen Rechtsextremismus oder gar in Begünstigung terroristischer Aktionen abdriftet.

- Die *Routinisierung der Bewegungen* begann, je näher diese zur Teilhabe an der Macht rückten. Daher haben manche Populisten versucht, in der Opposition die Reinheit ihrer Grundüberzeugungen zu erhalten. Nichts erwies sich als kompromittierender als Kompromisse. Als Haider in Österreich und Gregor Gysi in Berlin an Regierungsentscheidungen mitwirkten verloren sie ihre „Unschuld" und wurden für Fehler in der Politik verantwortlich gemacht.

Einmalig war der Fall Berlusconi, der in Italien in den frühen 1990er Jahren das ganze italienische Parteiensystem durcheinander wirbelte. Seine „zweite Republik Italien" erwies sich als noch korrupter als die erste, so lautstark Berlusconi auch die alte „*classe politica*" angegriffen hat. Berlusconi wurde gestürzt und erlebte erstaunlicher Weise ein zweifaches Comeback, das er 2009 noch mit der Fusion des früher neofaschistischen Koalitionspartners krönte. Koalitionen sind immer instabil, populistische Koalitionen waren es noch weit mehr, aber Berlusconi hat durch Arrondierung seiner Parteimacht die Lehren aus dieser Erfahrung gezogen. Berlusconis Sturz wurde auch zum Auftakt des Sturzes von Umberto Bossi, der allen Kabinetten des Cavaliere angehört hatte. Im April 2012 musste er die Führung der Lega Nord abgeben, weil er, der immer lauthals gegen Korruption gewettert hatte, selbst mehreren Korruptionsskandalen zum Opfer gefallen war. Für die Erhaltung der

Demokratie auch bei populistischer Politik ist es tröstlich zu wissen, dass die „Saubermänner" meist nicht dauerhaft „sauber" bleiben.

- Populistische Verhaltensweisen haben inzwischen auch *die etablierten Parteien erfasst*, wie an Blair oder Schröder demonstriert wurde. Charismatische Mediendemokratie förderte den populistischen Stil auch in der konventionellen Politik (Korte 2003). Populisten bedienen sich der Medienangebote zum *„infotainment"* – einer Mischung aus Information und Unterhaltung. Der Effekt dieser Medieneinsätze sollte freilich nicht überschätzt werden. Die manipulierte öffentliche Meinung erweist sich als besonders instabil. An einem Tag rufen die Massen „Hosiannah" – an einem anderen zwar nicht „kreuzigt ihn", aber „weg mit ihm". Auffallend sind die Ermüdungserscheinungen in der öffentlichen Aufmerksamkeit. Selbst Politiker, die sich nichts zu Schulden kommen ließen wie Stoiber in Bayern oder Teufel in Baden-Württemberg konnten von mediokreren Parteigenossen gestürzt werden – nicht zu reden von den Fällen, in denen eine kleine Verfehlung hinzutrat, wie im Fall Lothar Späth. Die Wankelmütigkeit der öffentlichen Meinung haben mehr Populisten erfahren als normale Akteure, wie sich selbst an einstigen Führungsfiguren wie Haiders FPÖ oder den Spaltungen der deutschen Republikaner unter Schönhuber zeigen lässt. In den 90er Jahren schien es im internationalen Vergleich verwunderlich, dass die anscheinend so soliden skandinavischen Demokratien von populistischen Bewegungen erschüttert wurden. Aber im zweiten Jahrzehnt des 3. Jahrtausend zeigten sich Erscheinungen des Niedergangs. Die Dänische Volkspartei, war ein Jahrzehnt Zünglein an der Waage in einer rechtsliberalen Minderheitsregierung und wurde seit 2011 in die Opposition verbannt. In allen vier skandinavischen Ländern stagnieren die Zustimmungsraten und die populistischen Parteien sind von Führungskämpfen zerrissen, und die „Schwedendemokraten" (seit 1988) oder die „Wahren Finnen" (seit 1995) sind in der Kritik wegen personeller Überschneidungen mit Rechtsextremisten (Balzter 2012: 10). Es zeigte sich seit den deutschen Republikanern, dass die vage Identitätsbildung populistischer Parteien für Zerfallserscheinungen noch weit anfälliger ist als die traditionellen Großparteien.

- Der Populismus war in den westeuropäischen Systemen *bisher nirgends eine systembedrohende Gefahr*. In den 80er Jahren traten neue Populisten noch verbal als Systemveränderer auf, in den 90er Jahren war die Veränderung rhetorisch verkommen wie Berlusconi mit seiner „Zweiten Republik" in Italien, Haider (1994: 201, 239) mit seiner „Dritten Republik" in Österreich zeigten, die diese Politiker proklamiert hatten. Kaczyński hatte das Ende der „Vierten Republik" in Polen deklariert. Die revolutionäre Phraseologie reduzierte sich bald auf einen „*Transformationsjargon*". Transformiert wurden aber weniger die Systeme als die populistischen Bewegungen. Sie waren erfolgreich im Agenda-setting und in der öffentlichen Debatte. Aber in den meisten Ländern kamen sie nicht über 10% der Wählerstimmen mit der Ausnahme des Front National in Frankreich, der FPÖ in Österreich und der norwegischen „Fremskrittspartiet". Die Fluktuationen waren noch größer als bei den alten Parteien (ältere Daten in: Betz 1994: 3). In einigen Fällen gingen die Bewegungen unter wie Poujade in Frankreich. In anderen zeigte sich ein Mangel an Professionalität wie in Deutschen Landtagen, die zum raschen Niedergang von NPD oder Republikanern führten (Holtmann 2002). Der Populismus wurde nicht einmal für die Europäische Integration zur Gefahr, wie die Fälle der Mitregierungen von Populisten in Dänemark, Italien, den Niederlanden und in Österreich zeigten.
- Postdemokratie-Thesen unterschätzten die *participatory revolution*, die quantitativ und qualitativ *unkonventionelle Formen der Beteiligung* begünstigten. Eine Vielzahl von *Mediationsverfahren* haben von Streitfällen der Hamburger Elbvertiefung oder der Schulstreit bis zur Aktion „Stuttgart 21" – in einer Stadt, die bisher kaum je durch anomische Partizipationsformen aufgefallen ist - haben diese Konflikte wieder in zivile Bahnen gelenkt, wenn sie aus dem Ruder zu laufen drohten. Nachteil dieser Verlagerung der Partizipation erscheint der Trend, dass die Unterschichten sich aus der Politik zurückziehen, während das frühere Bürgertum sich immer häufiger auch unkonventionell engagiert. Im Hamburger Schulstreit – bei dem eine schwarz-grüne Koalition eine sechsjährige Primarschule an die Stelle einer vierjährigen Grundschule treten lassen wollte – hat die Mehrheit am 18. Juli 2010 für den Status quo gestimmt. Die wohlhabenderen Stadtviertel partizipierten weit stärker als die Problemviertel (Jörke 2011: 14, 16). Die Flucht in Politikverdrossenheit oder

Emotionalisierungsvorschläge à la Chantal Mouffe (2011: 5) scheinen dem normativen Gehalt der Demokratievorstellungen nicht gerecht zu werden, welche die neuen Formen des Protestes einbeziehen und nicht sofort als „populistisch" verketzern. Problem der neuen Medien: die Szene im Rechtspopulismus und Neofaschismus wird immer unübersichtlicher. Die NPD verliert an Mitgliedern, die neuen Gruppen und rechten *flashmobs* breiten sich aus und sind unüberschaubar geworden (Müller 2012: 7). Selbst in der Kleidung treten die Gruppen zunehmend neutraler auf, sodass man Neonazis und normale Populisten immer weniger unterscheiden kann. Für die Internet-Aktivitäten solcher Gruppen gilt das in noch größerem Maße.

Zwei Formen von einem „*inbuilt populism*" sind in der Literatur unterschieden worden:

(1) *Gemäßigte Populisten* – die häufig einer demokratischen Linken zuzuordnen sind - akzeptieren die repräsentative Demokratie und wollen sie stärken durch Inklusion von mehr Gruppen und Interessen in einer „*deliberativen Demokratie*". Vielfach setzen sie auf mehr plebiszitäre Demokratie. Die Gemäßigten unter den neuen Linken wie Andreas Fisahn (2008) oder Thomas Wagner (2011: 131f) scheuen Personalplebiszite und konzentrieren ihre Reformbemühungen auf *Sachplebiszite*. Sie gehen nicht davon aus, dass diese im Resultat immer fortschrittlich ausfallen. Bei Einpunkt-Entscheidungen auf plebiszitärer Ebene wird vielfach die Heterogenität politischer Motivlagen deutlich. Sie können auch als machtstrategisches Kalkül der politischen Gegner der Linken missbraucht werden. Gleichwohl sind die Gemäßigten Linken für einen Ausbau der plebiszitären Demokratie, wobei sie sich auch auf Sahra Wagenknecht (2011) berufen, wenn die direkte Demokratie nicht mit zu hochgesteckten Erwartungen überfrachtet wird.
(2) *Radikalere Populisten* fordern eine plebiszitäre Demokratie. Dezisionismus auf der Basis eines einheitlich gedachten Volkswillens soll „Deliberation" ersetzen. Den radikaleren Populisten wird vielfach eine Sehnsucht nach „*ein bisschen Diktatur*" unterstellt (Münkler 2010: 11), oder das, was Domenico Losurdo (2008: 73) „*Soft Bonapartismus*" nannte. Gelegentlich wurden auch schon eher Liberal-Konservative, wie Hans Herbert von Arnim unter die „radikaldemokratische Demagogie der Rechtspopulisten" eingereiht, die sich

rhetorisch auf die Seite der Unterdrückten stellen, im Kampf gegen ein „bankrottes Establishment" (Th. Wagner 2011: 58). Arnim (2008: 137) erinnerte allerdings an die Populisten nur insofern, als er „die Funktionäre innerhalb der Parteien" anklagt, "die mittels ihrer parasitären Netzwerke nicht nur die Allgemeinheit, sondern auch die Parteien selbst ausbeuten". Seine Besessenheit in Fragen der Parteienfinanzierung hat ihn vielfach zu weitreichenden nahezu populistischen Schlüssen verführt, die aus dem Grundtenor seiner Schriften nicht herauszulesen wären.

Nur die zweite Variante könnte eine potentielle Bedrohung für die Demokratie sein, die erste könnte sogar als Bereicherung des politischen Lebens dienen. Deutschland war vergleichsweise wenig von populistischen Bewegungen im Bestand der Demokratie bedroht, wegen der NS-Vergangenheit einerseits und der starken Wohlfahrtsorientierung der beiden größten Volksparteien andererseits. Populistische Slogans sind den beiden großen Parteien, die zweimal zu einer „großen Koalition" zusammenfanden, inzwischen selbst nicht fremd. Nicht die radikalsten Slogans populistischer Parteien erscheinen inzwischen als eine Bedrohung für die Demokratie, sondern das Wetteifern der etablierten Parteien um einen *„Populismus der Mitte"*. In Wahlkämpfen werden gerne unrealistische Steuersenkungen und Rentenerhöhungen versprochen, und „Sozialschmarotzer, kriminelle Ausländer, geldgierige Banker oder korrupte Politiker als Sündenböcke vorgeführt. So hat man dem CDU-Politiker Roland Koch seinen Wahlsieg gegen Rot-Grün bei den Landtagswahlen 1999 in Hessen einer populistischen Unterschriftenkampagne gegen die doppelte Staatsbürgerschaft zugeschrieben (Seils 2010: 132, 177). Nicht die Rückkehr Weimarer Verhältnisse wird von Pessimisten befürchtet, sondern eine *„Berlusconisierung der deutschen Politik"*.

Gleichwohl müssen Analytiker sich vor pessimistischen Übertreibungen hüten, selbst angesichts der Retrobewegung in der Demokratisierung Osteuropas:

- Populisten waren ungefährlich, weil sie *letztlich a-politisch* blieben, soweit sie Kompromisse ablehnten. Populisten wollen mobilisieren für vorgegebene Ziele. Das Resultat war freilich vielfach *manipulierte Pseudopartizipation*. Sowie populistische Gruppierungen kompromissfähig wurden, sind sie im System integriert worden und verloren ihre Einmaligkeit. Dies geschah vor allem mit den Grünen in vielen europäischen Parteiensystemen. Die Piraten wurden vielfach mit den Grünen verglichen. Aber einmal haben sie kaum ein kohärentes Programm zu bieten, sondern nur eine Methode der Nachrichtenbeschaffung und – Verbreitung, die andere Gruppen blitzschnell erlernen können. Zum anderen haben angesichts ihres Angriffs auf das geistige Eigentum der „Intelligencija", die Intellektuellen fast geschlossen gegen sich.

- Mein Optimismus könnte durch die Erfahrung mit defektiven Demokratien in Osteuropa einen Dämpfer erhalten. *In neuen Demokratien sind Populisten gefährlicher als in alten*, weil keine Tradition eines festgefügten Parteisystems existiert, die Wählerfluktuation zu instabilen Parteiorganisationen beiträgt und ethnische Unterschiede in härtere Politik umgesetzt werden als im Westen (z. B. in der Slowakei, in Rumänien oder Serbien). Das *„institutional engineering"* ist in dieser Area bisher nicht zum Ende gekommen. Die Konsolidierungsforschung ist inzwischen bescheidener geworden. Defekte wurden selbst bei alten Demokratien des Westens zunehmend entdeckt. Der Ethno-Pluralismus wurde militanter - vom Baskenland bis nach Belgien oder Schottland.

Langfristig bin ich jedoch auch für die neuen EU-Mitglieder optimistisch:

- *EU-Werte formen die politischen Kulturen Osteuropas.* Der Euro-Skeptizismus übertrifft in einigen Parteieliten sogar die des Volkes, dass diese Parteien zu repräsentieren vorgeben, wie Umfragen immer wieder dokumentierten (Rupnik 2007: 168). Das Vertrauen in Europa ist in den Völkern Osteuropas zum Teil größer als das Vertrauen in die nationalen Regierungen dieser Länder. *Parteigruppierungen im europäischen Parlament* haben langfristig Einfluss auf osteuropäische Parteiensysteme.
- Das richterliche Prüfungsrecht der *Verfassungsgerichte* trägt zur Domestizierung und Integration der osteuropäischen Gruppen bei. Das Prinzip des *„judicial review"* hat sich auch im Westen zunehmend in den Ländern durchgesetzt, die keine voll ausgebildete Verfassungsgerichtsbarkeit kannten wie Frankreich im „Conseil constitutionnel". Die Systeme entwickeln sich im Osten eher in Richtung des „österreichisch-deutschen Modells" als in den Bahnen des Supreme Courts der Vereinigten Staaten (v. Beyme 2006). Orbán hat in der neuen Verfassung Ungarns, die im

April 2011 verabschiedet wurde, die Verfassungsinstitutionen an die Leine gelegt. Im Parlament wird eine Vierfünftelmehrheit benötigt, um ein Gesetz vom Verfassungsgericht überprüfen zu lassen. Das Ungarische Verfassungsgericht, das durch die ab Januar gültige Verfassung geschwächt wird, hat im Dezember 2011 schnell noch Teile des umstrittenen Mediengesetzes mit einem „Maulkorbparagraphen" für verfassungswidrig erklärt. Das Verfassungsgericht hat auch das umstrittene Kirchengesetz gekippt, nach dem die Zahl der anerkannten Religionsgemeinschaften drastisch reduziert werden sollten. Auch ein Gesetz, nachdem Untersuchungshäftlinge künftig fünf statt wie bisher zwei Tage ohne Zugang zu einem Anwalt festgehalten werden durften, wurde annulliert. Wichtig sind solche Schlappen autoritärer Regierungen vor Gericht, weil sie den Oppositionsparteien Auftrieb geben (Flückiger/ Hubschmid 2011: 5). Der Fraktionschef der grün-liberalen Oppositionspartei LNP, Andras Schiffer, hoffte auf ein Umdenken des Volkes, das sich in neuen Protestbewegungen schon ankündigte. Gleichwohl stellt der Transformation Index der Bertelsmann Stiftung (2012: 25, 108f) neben Ungarn auch in Mazedonien und der Slowakei, vor allem aber in den Nachfolgestaaten der Sowjetunion einen Niedergang der Rechtsstaatlichkeit und Gewaltenteilung fest.

- *Wirtschaftliche Einbrüche* haben in Europa den Elan eines nationalistischen Populismus, wie er in Ungarn entstand, gebrochen. 2010 hatte Orbán die Gespräche mit dem IWF abgebrochen. Großmäulig hatte erklärt: „Wenn die IWF kommt, werde ich gehen". Rating-Agenturen wie Standard & Poor's und Moody's stuften Ungarn plötzlich auf „Ramschniveau" (BB +) herab. Orbán musste die Hand suchen, die er zuvor geschlagen hatte. Er hat nicht damit gerechnet, dass Ungarn den IWF als Kreditgeber brauchen würde (Bota 2011: 9; Tenbrock 2012: 21).

- Auch für Osteuropa zeigte sich die Instabilität populistischer Bewegungen nach dem Diktum: *„Populism never lasts long – but it is somehow always around"* (Deegan-Krause 2007: 144). Die ältere behavioralistische Literatur, etwa bei Hans-Dieter Klingemann, nannte den Populismus gelegentlich die „ganz normale Pathologie". Inzwischen könnte man das Diktum in einen „ganz normalen populistischen Zeitgeist" ummünzen (Mudde 2004: 562). Der populistische Zeitgeist gebiert ständig neue Bewegungen. Die Wutbürger organisierten sich in der Bewegung

„*Occupy*". In Spanien, in den USA, im Frankfurter Bankenviertel wurde kampiert. Mit der *Piratenpartei* wurde eine neue basisdemokratisch-populistische Partei geboten, die auf Anhieb in Berlin in das Landesparlament einzog. Hatte Orbán in Ungarn mit populistischen und nationalistischen Parolen den Umbau seines Staates vorangetrieben, wurde er Ende 2011 von neuem populistischem Protest eingeholt. Im Dezember gingen Zigtausende auf die Straßen, soviel wie seit 1989 nicht. Die Demonstranten nannten ihre Bewegung „Solidarität" – in Anspielung an die polnische Solidarność (Bota 2011: 9).

Die ersten Aufrufe „*Empört Euch*", wie der von Stéphane Hessel (2011), der in einem Jahr 11 Auflagen erlebte, blieben relativ vage in der Frage, wie der gute Empörungswille in konstruktive Politik umgesetzt werden könne. Aber die „*Generation Occupy*" formierte sich und ihr Sprecher Mike Davis hat in einer Neujahrsrede zum Jahreswechsel 2011/2012 die 10 Gebote der Revolte vorgelegt. Er plädierte für eine gute Organisation durch Anführer „auf Zeit", für die Einbeziehung der Betroffenen in die Planungen für Reformen, für die Unterlaufung des Hangs der Medien zur Personalisierung, für Toleranz gegenüber Splitterparteien, wenn diese nicht nur ihr eigenes Süppchen kochten und für Benutzung der Sprache des Volkes (Davis 2011: 60). Die traditionellen Volksparteien verlieren an Mitgliedern und an Gestaltungskraft. Auch professionelle Politiker(innen) (Niehuis 2011: 180ff) plädierten für mehr Bescheidenheit der Volksparteien, weil in einer spezialisierten Welt die politische Omnipotenz nicht mehr glaubhaft wirkt. Die bewusste Öffnung der Parteien vor Ort zu sich selbst organisierenden Bürgern und zivilgesellschaftlichen Vereinigungen sollte nicht nur als Machtverlust, sondern auch als Machtgewinn betrachtet werden, da die Parteien sich als Transmissionsriemen zwischen Volk und politischer Repräsentation wieder ins Bewusstsein bringen können. Diese Einsicht kann freilich nicht bedeuten, dass alle Politik nach dem Modell Heiner Geissler bei Stuttgart 21 gestaltet werden kann. Nur Probleme, die mit Ja oder Nein beantwortet werden können, eignen sich für diese Form der Basisdemokratie. Selbst die totale Transparenz, welche die Piratenpartei fordert, dürfte nicht für alle Willensbildungsprozesse anwendbar sein. Es ist auch keineswegs garantiert, dass neue aufrichtig demokratische Versionen des Populismus die Oberhand gewinnen. Es stimmt nicht eben optimistisch, dass Berlusconi, der sich als der „Jesus Christus der Politik" bezeichnet hat, Mitte 2012 sein Comeback in der italienischen Politik ankündigte.

Populisten – soweit sie sich überhaupt für Theorien interessieren – versuchen von der normativen Wende in der politischen Theorie der Postmoderne zu profitieren:

- *negative Konnotationen* enthält der Begriff „Post-Demokratie" (Colin Crouch),
- *positive Konnotationen* werden durch Termini wie „deliberative Demokratie" (Habermas) oder „dialogische Demokratie" (Giddens) transportiert.

In der *Postdemokratie* erhalten die Eliten zunehmend weniger *„deference"* und Respekt. Die Geheimnisse der *„politischen Klasse"* werden nicht mehr von der Zurückhaltung der Medien respektiert, obwohl virtuell alle formalen Komponenten der repräsentativen Demokratie überlebt haben (Crouch 2008: 21). Neue soziale Bewegungen standen im Zeichen der *„Generation Social Media",* etwa in der Piratenpartei. Sie setzte auf totale Transparenz und drohte dabei das Recht des Individuums auf Schutz des privaten geistigen Eigentums und das Recht auf Schutz der Privatsphäre mit Füßen zu treten (Hank 2012: 13).

Deliberative Demokratie ist eine normative Hoffnung, aber Post-Demokratie ist dieser Hoffnung nicht näher gekommen. Eine Grundsatzkritik des Systems gibt es in den Globalisierungstheorien kaum noch. Frühere Linke wie Hardt und Negri (2002) mit ihrem Begriff „Empire" geben nicht einmal mehr Hoffnung auf Systemänderungen. Foucaults Haltung gewinnt an Boden: jede Machtstruktur enthält ihre Gegenmacht. Der Populismus wird von geschickten Führern bereits als ein solches Element der „Gegenmacht" angeboten. Anthony Giddens (1994: 112) hatte mit seiner *„dialogischen Demokratie"* eine positive Fortentwicklung der repräsentativen Demokratie intendiert. Nicht neue Rechte und Repräsentationsmöglichkeiten wie im alten System waren gefragt, sondern Förderung des kulturellen Kosmopolitismus, der entscheidend werden kann für die *„Rekonstruktion von sozialer Solidarität".* De facto hat sich eher das Gegenteil dieses normativen Konzepts ereignet: Identitätspolitik ging vielfach in Richtung Segregation (v. Beyme 2007: 91ff).

Schon Colin Crouch (2005, 2008: 119ff) sah schwarz für die Möglichkeit, den Populismus in die Richtung universalistischer theoretischer Konzepte zu entwickeln. *Identitätspolitik* ist das Schlagwort der Postdemokratie – aber: „Nor will populism be contested by trying to move beyond identity politics to a Third Way political appeal which tries to evade every idea of identity". Politische Parteien, welche die Massen zu repräsentierten vorgeben, tun dies in der Regel durch Definitionen über die „Identität des Volkes" (Pizzorno 1993). Je mehr diese *Identitäten künstlich „rekonstruiert"* werden, umso häufiger werden alternative Identitäten vernachlässigt. Es kam daher schon vor der „Postdemokratie" zu Gegensätzen zwischen „Kulturfundamentalisten", die auf die *„nation une et indivisible"* auch kulturell pochen und den „Multikulturalisten". Beide machen den gleichen Fehler, kollektive Identitäten zu verabsolutieren (Möllers 2009: 51) – nur siedeln sie diese Identität jeweils auf einer anderen Ebene an.

Etablierte Parteien werden großen Industrieunternehmen immer ähnlicher. Sie vermeiden große Risiken, Korporationen bei der Investition, Parteien in der Investierung in die Identität neuer Gruppen (Crouch 2005: 120). Parteien bevorzugen die Kooperation mit selektiven Gruppen, vermeiden aber hoch spezialisierte populistische Gruppierungen. Daher wurde die Veränderungskraft neuer sozialer Bewegungen in den 80er Jahren so stark überschätzt.

Neue soziale Bewegungen waren am erfolgreichsten, wenn sie die populistische Agitation begrenzten und die kompromissbereite Kooperation entwickelten, wie die Ökologen und versuchten, die *„Zivilgesellschaft"* gegen die *„politische Klasse"* zu repräsentieren. Aber das Konzept der Zivilgesellschaft müsste darunter leiden, wenn es mit einer Partei identifiziert werden könnte. Einige Kritiker der Entwicklung (Latour 1995: 68, 188) haben schon unterstellt, dass moderne Verfassungssysteme Opfer ihres Erfolgs geworden sind und daran zu Grunde zu gehen drohen. Aber trotz der pausenlos verbreiteten Szenarios über die *„Krise der Demokratie"* lässt sich kein Goldenes Zeitalter der Demokratie ausmachen. Die formierte Gesellschaft der Ära Adenauer, die Schweiz ohne Frauenwahlrecht, die illiberal-korrupte Demokratie der Ära De Gasperi in Italien und die Zeit der Rassenkonflikte in den USA vor Kennedy waren schwerlich das goldene Zeitalter einer krisenlosen Demokratie (vgl. Merkel 2011: 445).

Solche Vergleiche dürfen aber nicht suggerieren, dass die Krisensymptome im Wandel der Demokratien nicht ernst genommen werden sollten. Die mobilisatorische Revolution – welche die Populisten kräftig ausnutzten –

haben so viele *hybride Repräsentationsformen* geschaffen, dass die Verfassungsordnung sie kaum noch zusammen halten kann. Im Licht einer postmodernen Normalisierung scheint mir dies als eine Übertreibung. Eine postmoderne Verfassungsordnung ist nicht in Sicht und schon gar nicht die Utopie einer „Wiedervereinigung von Natur und Gesellschaft", wie einige ökologische Populisten gehofft hatten. Selbst ein normativer Denker wie Habermas (1992: 446), ein unermüdlicher Kämpfer für die „deliberative Demokratie" sah gerade im *Populismus die erste Gefahr für die Zivilgesellschaft*, wenn traditionale Identitäten populistisch verfochten werden. Diese Gefahr ist heute größer als die Gefahren der klassischen Moderne mit ihren eschatologisch-revolutionären Transformationsideologien. Nicht die Art der Identität scheint mir in einer Demokratie problematisch, sondern die Art und Weise, in der für sie gekämpft wird. Ziviler Ungehorsam gilt als populistische Tugend (Möllers 2009: 80). Aber ein „demokratisches Laster" ist dieser Ungehorsam nicht, vor allem nicht, je mehr ein System autoritäre Züge annimmt. Widerstand kann der demokratischen Willensbildung dienen, wie schon Rawls (1971: 319ff) bekannte.

Literatur

v. Alemann, Ulrich u. a.: Die Bürger sollen es richten. APuZ 44-45, 2011: 25-32.

v. Arnim, Hans Herbert: Fetter Bauch regiert nicht gern: Die politische Klasse – selbstbezogen und abgehoben. München, Kindler, 1997.

v. Arnim, Hans Herbert: Politik macht Geld: Das Schwarzgeld der Politiker – weißgewaschen. München, Droemer Knaur 2001.

v. Arnim, Hans Herbert: Das System: Die Machenschaften der Macht. München, Droemer Knaur 2001.

v. Arnim, Hans Herbert: Deutschlandakte. München, Bertelsmann, 2008.

Backes, Uwe: Politische Extreme. Eine Wort- und Begriffsgeschichte von der Antike bis in die Gegenwart. Göttingen, Vandenhoeck & Ruprecht, 2006.

Balzter, Sebastian: Im Norden auf dem Rückzug. Die Populisten Skandinaviens verschleißen sich in parteiinternen Kämpfen. FAZ, 21. 4. 2012: 10.

Becker, Sven / Rosenbach, Marcel: Das Computerspiel Politik. Der Spiegel, Nr. 14, 2012: 26-28.

Becker, Sven u. a.: Partei der Sehnsucht. Der Spiegel, Nr. 17, 2012: 26-38.

Beste, R. u. a.: Das Gespenst der Politik. Der Spiegel, Nr. 10, 2011: 20-26.

Betz, Hans-Georg: Radical Right-Wing Populism in Western Europe. Houndsmill, Macmillan, 1994.

v. Beyme, Klaus: Right-Wing Extremism in Post-War Europe. Westeuropean Politics, 1988: 1- 18.

v. Beyme, Klaus: Parteien im Wandel. Von den Volksparteien zu den professionalisierten Wählerparteien. Opladen, Westdeutscher Verlag, 2000, 2002.

v. Beyme, Klaus: Modell für neue Demokratien? Die Vorbildrolle des Bundesverfassungsgerichts. In: van Oeyen, Robert Chr./ Möllers, Martin H. W.: (Hrsg.): Das Bundesverfassungsgericht im politischen System. Wiesbaden, VS Verlag für Sozialwissenschaften, 2006: 516-531.

v. Beyme, Klaus: Föderalismus und regionales Bewusstsein. Ein internationaler Vergleich. München, Beck, 2007.

Betz, Hans-Georg: Radical Right-Wing Populism in Western Europe. Houndsmills, Macmillan, 1994.

Böhnke, Petra: Ungleiche Verteilung politischer und zivilgesellschaftlicher Partizipation. APuZ, H. 1-2, 2011: 18-25.

Bota, Alice: Herr Orbán bekommt ein Problem. Ungarn schlittert in die Finanzkrise – und plötzlich wächst der demokratische Protest gegen den Premierminister. Die Zeit, 29. Dez. 2011: 9.

Brettschneider, Frank: Kommunikation und Meinungsbildung bei Großprojekten. APuZ, 44-45, 2011: 40-47.

Brobst, Marc: Eine Machtprobe. Der Präsident klammert sich an sein Amt, die Medien klammern sich an das Thema. Die Affaire Wulff wird zur Posse. Die Zeit, Nr. 3, 12. 1. 2012: 1.

Bútora, Martin et al. Hrsg.: Democracy and Populism in Central Europe. Bratislava, Institute for Public Affairs, 2007.

Canovan, Margaret: Populism for Political Theorists? Journal of Political Ideologies, Jg. 9, H. 3, 2004: 241-252.

Canovan, Margaret: Two Strategies for the Study of Populism. Political Studies, H. 4, 2006: 544-552.

Crouch, Colin: Post-Democracy. Cambridge, Polity Press, 2005.

Crouch, Colin: Postdemokratie. Frankfurt, Suhrkamp, 2008.

Dausend, Peter: Echte Patrioten. Es wäre leicht für die SPD, die Krise populistisch auszuschlachten. Aber sie tut es nicht. Lob auf eine Partei der Vernunft. Die Zeit, Nr. 49, 2011: 10.

Davis, Mike: 10 Gebote für die Revolte. Die Zeit 29. Dez. 2011: 60.

Decker, Frank: Der neue Rechtspopulismus. Opladen, Leske & Budrich, 2004, 2. Aufl.

Decker, Frank (Hrsg.). Populismus. Gefahr für die Demokratie oder nützliches Korrektiv? Wiesbaden, Verlag für Sozialwissenschaften, 2006.

Deegan-Krause, Kevin: Populism and the Logic of Party Rotation in Postcommunist Europe. In: Bútora et al, 2007:141-159.

DiLorenzo, Giovanni: Die richtige Quote. Die Zeit, Nr. 10, 2012: 1.

Dubiel, Helmut (Hrsg.): Populismus und Aufklärung. Frankfurt, Suhrkamp, 1986.

Ebbinghaus, Uwe: Wer hat Angst vor Anarchismus? FAZ, 28. 1. 2012: 21-22.

Embacher, Serge: Demokratie! Nein Danke? Bonn, Dietz, 2009.

Faltin, I.: Norm, Milieu, politische Kultur. Wiesbaden, DUV, 1990.

Fisahn, Andreas: Herrschaft im Wandel. Überlegungen zu einer kritischen Theorie des Staates. Köln, Papyrossa, 2008.

Flückiger, Paul / Hufschmid, Maris: Urteil gegen Urban. Der Tagesspiegel, 21. Dez. 2011: 5.

Fukuyama, Francis: Wo bleibt der Aufstand von links? Der Spiegel, 5, 2012: 86-88.

Geden, Oliver: Diskursstrategien im Rechtspopulismus. Freiheitliche Partei Österreichs und Schweizerische Volkspartei zwischen Opposition und Regierungsbeteiligung. Wiesbaden, VS Verlag für Sozialwissenschaften, 2006.

Giddens, Anthony: Beyond Left and Right. The Future of Radical Politics. Cambridge, Polity, 1994.

Habermas, Jürgen: Legitimitätsprobleme im Spätkapitalismus. Frankfurt, Suhrkamp, 1973.

Habermas, Jürgen: Theorie des kommunikativen Handelns. Frankfurt, Suhrkamp, 1981, 2 Bde.

Habermas, Jürgen: Faktizität und Geltung. Frankfurt, Suhrkamp, 1992.

Habermas, Jürgen: Zur Verfassung Europas. Berlin, Suhrkamp, 2011.

Haider, Jörg: Die Freiheit, die ich meine. Frankfurt, Ullstein, 1994.

Han, Byung-Chul: Transparent ist nur das Tote. Die Zeit, 12. Jan. 2012: 41.

Hank, Rainer: Nichts geht über Transparenz. Piraten sind die Helden der Informationsfreiheit. FAS, Nr. 13, 2012: 38-39.

Hardt, M. /Negri, A.: Empire – die neue Weltordnung. Frankfurt, Campus, 2002.

Hartleb, Florian: Rechts- und Linkspopulismus. Wiesbaden, Verlag für Sozialwissenschaften, 2004.

Hessel, Stéphane: Empört Euch. Berlin, Ullstein Streitschrift, 2011, 11. Aufl.

Holtmann, Everhard: Die angepassten Provokateure. Aufstieg und Niedergang der rechtsextremen DVU als Protestpartei im polarisierten Parteiensystem Sachsen-Anhalts. Opladen, Westdeutscher Verlag, 2002.

Inglehart, Ronald: Culture Shift in Advanced Industrial Society. Princeton, Princeton University Press, 1990.

Jaschke, Hans-Gerd: Politischer Extremismus. Wiesbaden, VS, 2006.

Ionescu, Ghita / Gellner, Ernest (eds.): Populism. Its Meanings and National Characteristics. London, Weidenfeld & Nicolson, 1969.

Jörke, Dirk: Bürgerbeteiligung in der Postdemokratie. ApuZ, 1-2, 2011: 13-18.

Kaase, Max: The Challenge of the „Participatory Revolution" in Pluralist Democracies. International Political Science Review, 5,3, 1984: 299-318.

Kaube, Jürgen: Mitfliegen als Methode. Parteilichkeit ist noch das geringste Problem der Parteienforscher: das Fällchen Karl-Rudolf Korte. FAZ 12. Mai 2010: N 6.

Köppel, Peter: Nehmt die Schweiz als Vorbild! Focus 48, 2011: 48-50.

Korte, Karl-Rudolf: Populismus als Regierungsstil in: Werz 2003: 209-222.

Knuth, Natalie: Oneline-Campaigning, dargestellt an den Wahlen zum Deutschen Bundestag 1998-2009 im Vergleich zum US-amerikanischen Online-Campaigning im Rahmen der Präsidentschaftswahlen 2000-2008. Heidelberg, Diss. 2010

Kurbjuweit, D.: Triumph der Albernheit. Warum Politikerfotos oft so seltsam wirken. Der Spiegel, 45/2011: 38-41.

Kurz, Constanze: Keine Angst! Warum die anderen Parteien von den Piraten lernen müssen. Der Spiegel, 15, 2012: 212-213.

Laclau, Ernesto: On Populist Reason. London, Verso Books, 2005, 2007.

Lang, Kai-Olaf : Populism in « Old » and « New Europe » : Trends and Implications. In: Bútora, 2007: 125-140.

Latour, Bruno: Nous n'avons jamais été modernes. Paris, La Découverte, 1991, dt. Wir sind nie modern gewesen. Versuch einer symmetrischen Anthropologie. Berlin, Akademie Verlag, 1995.

Lepsius, Oliver / Meyer-Kalkus, R. (Hrsg.): Inszenierung als Beruf. Der Fall Guttenberg. Frankfurt, Suhrkamp, 2011.

Lipset, Seymour Martin: Political Man. London, Mercury Books, 1960.

Losurdo, Domenico: Demokratie oder Bonapartismus. Triumph und Niedergang des allgemeinen Wahlrechts. Köln, Papyrossa, 2008.

Mair, Peter. Populist Democracy vs Party Democracy. In: Mény/Surel, 2002: 139-154.

Mény, Yves / Surel, Yves (Hrsg.): Democracies and the Populist Challenge. Houndsmill, Macmillan, 2002.

Merkel, Wolfgang: Systemtransformation. Wiesbaden, VS Verlag, 2010, 2. Aufl.

Merkel, Wolfgang: Volksabstimmungen: Illusion und Realität. APuZ, 44-45, 2011: 47-55.

Merkel, Wolfgang: Krise der Demokratie: Mythos oder Realität? In: Bluhm, Harald u. a. (Hrsg.): Ideenpolitik. Geschichtliche Konstellationen und gegenwärtige Konflikte. Berlin, Akademie Verlag, 2011: 438-448.

Meyer, Hendrik / Schubert, Klaus (Hrsg.): Politik und Islam. Wiesbaden, VS, 2011.

Möllers, Christoph: Demokratie – Zumutungen und Versprechen. Berlin, Wagenbach, 2008, 2009, 2. Aufl.

Mouffe, Chantal: Über das Politische. Wider die kosmopolitische Illusion Frankfurt, Suhrkamp, 2007.

Mouffe, Chantal: „Postdemokratie" und die zunehmende Entpolitisierung. APuZ 1-2, 2011: 3-5.

Mudde, Cas: In the Name of Peasantry, the Proletariat, and the People: Populisms in Eastern Europe. East European Politics and Societies, 14, 2000: 33-53.

Mudde, Cas: The Populist Zeitgeist. Government and Opposition, 29, 2004: 541-563.

Mulgan, G.: Politics in an Antipolitical Age. Cambridge, Polity, 1994.

Müller, Daniel: Update für Nazis. Webdesign ohne Hakenkreuz. Die Zeit, Nr. 13, 2012: 7.

Müller, Jan-Werner: Wir! Sind! Das! Volk! Die Populisten in Europa glauben, sie allein begriffen den wahren Wählerwillen. Damit gefährden sie die Demokratie. Die Zeit, Nr. 17, 2012: 13.

Münkler, Herfried: Lahme Dame Demokratie. Internationale Politik, Mai/Juni 2010: 10-17.

Niehuis, Edith: Die Demokratiekiller. Fehlentwicklungen in der deutschen Politik. Berlin, Lehmanns Media, 2011.

Niehuis, Edith: Die Zerstörung der Parteiendemokratie von oben nach unten. APuZ, 44-45, 2011: 7-11.

Niggemeier, Stefan: Im Namen des Volkes? Den Ansprüchen, die viele Journalisten an den Bundespräsidenten haben, werden sie selbst oft nicht gerecht. Kein Wunder, dass das Publikum nun zwischen Politik- und Medienverdrossenheit schwankt. Der Spiegel, Nr. 3, 2012: 140-142.

Nolte, Paul: Von der repräsentativen zur multiplen Demokratie. APuZ 1-2, 2011: 5-12.

van Ooyen, Robert Ch. / Martin H. W. Möllers, Martin H. W. (Hrsg.): Das Bundesverfassungsgericht im politischen System. Wiesbaden, VS, 2006: 516-531.

Norris, Pippa: Democratic Deficit. Critical Citizens Revisited. Cambridge, Cambridge University Press, 2011.

Pfetsch, Barbara – Marcinkowski, F.: Politik der Mediendemokratie, PVS Sonderheft, Wiesbaden, VS Verlag, 2009.

Pham, Khue: Alles Piraten. Ist die neue Partei so erfolgreich, obwohl sie alles falsch macht oder weil sie alles falsch macht. Die Zeit Nr. 14, 2012: 1.

Pizzorno, Alessandro: Le radici della politica assoluta e altri saggi. Mailand, Feltrinelli, 1993.

Plickert, Niklas: Wer regiert, ist egal. FAS, Nr. 16, 2012: 32.

Pörksen, Bernhard / Detel, Hanne: Kollaps der Kontexte. In der Digital-Ära wird der Kontrollverlust zur Alltagserfahrung. Der Spiegel, 14, 2012: 140-141.

Potrafke, Niklas: Economic Freedom and Government. Ideology across the German States. Regional Studies, 2012.

Priester, Karin: Populismus: Theoretische Fragen und Erscheinungsformen in Mitteleuropa. In: Otten, Henrique /Sicking, Manfred (Hrsg.): Kritik und Leidenschaft. Vom Umgang mit politischen Ideen. Bielefeld, Transcript, 2011:49-65.

Priester, Karin: Populismus. Historische und aktuelle Erscheinungsformen. Frankfurt, Campus, 2007.

Propst, Maximilian: Der falsche Frieden. Weil sich die großen Parteien in der Mitte immer ähnlicher werden, wächst der Extremismus – auch am rechten Rand. Die Zeit, Nr. 48, 2011: 61.

Puhle, Hans-Jürgen: Populismus: Form oder Inhalt? In: Otten, Henrique Ricardo / Sicking, Manfred (Hrsg.): Kritik und Leidenschaft. Vom Umgang mit politischen Ideen. Bielefeld, Transcript, 2011: 29-47.

Rathkolb, Oliver: Neuer Politischer Autoritarismus. APuZ, 44-45, 2011: 56-62.

Rathkolb, Oliver /Ogris, Günter (Hrsg.): Authoritarianism, History and Democratic Dispositions in Austria, Poland, Hungary and the Czech Republic. Innsbruck, Studienverlag, 2010.

Rawls, John: A Theory of Justice. Cambridge/Mass., Harvard University Press, 1971. dt. Eine Theorie der Gerechtigkeit. Frankfurt, Suhrkamp, 1979.

Rupnik, Jacques: The Populist Backlash in East-Central Europe. In: Bútora et al, 2007: 161-169.

Sarcinelli, Ulrich: Politische Kommunikation in Deutschland. Wiesbaden, VS 2009, 2. Aufl.

Scheuch, Erwin K. und Ute: Cliquen, Klüngel und Karrieren. Reinbek, Rowohlt, 1992.

Scheuch, Erwin K. und Ute: Die Spendenkrise. Parteien außer Kontrolle. Reinbek, Rowohlt, 2000.

Schimmeck, Tom: Am besten nichts Neues. Reinbek, Rowohlt, 2010.

Seils, Christoph: Parteiendämmerung. Berlin, WJS Wolf Jobst Siedler, 2010.

Spier, Tim: Populismus und Modernisierung. In: Frank Decker (Hrsg.): Populismus in Europa. Wiesbaden, VS, 33-57.

Spier, Tim (Hrsg.): Die Linkspartei. Wiesbaden, VS, 2007.

Spier, Tim: Die Wählerschaft rechtspopulistischer Parteien in Westeuropa. Diss. Göttingen, 2008.

Staun, Harald: Zwischen Mainstream und Volkes Seele. FAS 15. Jan. 2012: 29.

Stöss, Richard: Rechtsextremismus im vereinten Deutschland. Berlin, Friedrich Ebert Stiftung, 2000, 3. Aufl.

Taggart, P: New Populist Parties in Western Europe. West European Politics, 1995.

Tenbrock, Christian: Budapester Ramschware. Die Zeit, Nr 3, 12. 1. 2012: 21.

Transformation Index BTI 2012. Political Management in International Comparison. Gütersloh, Verlag Bertelsmann Stiftung, 2012.

Wagenknecht, Sahra: Freiheit statt Kapitalismus, Berlin, Eichborn, 2011.

Wagner, M. K.: Der Mythos vom Wutbürgertum. FAZ. 11. 3. 2011: 12.

Wagner, Thomas: Demokratie als Mogelpackung. Köln, Papyrossa, 2011.

Weischenberg, S.: Schreinemakerisierung unserer Lebenswelt. Hamburg, Rasch & Röhring, 1997.

Wefing, H. : Wir! Sind! Wütend! Eine neue Macht schallt aus dem Internet. Die Zeit, 2012, Nr. 10: 3.

Werz, Nikolaus (Hrsg.) Populismus. Opladen, Leske & Budrich, 2003.

Wiles, Peter: A Syndrome, not a Doctrine. Some elementary theses on populism. In: Ionescu /Gellner 1969: 166-179.

Winkler, Heinrich August: Die grosse Illusion. Warum direkte Demokratie nicht unbedingt den Fortschritt fördert. Der Spiegel 47/ 2011: 47-48.

4   Vorschläge zur institutionellen Demokratiereform in Deutschland

Während Theoretiker vielfach pauschal über Niedergang oder Erneuerung der Demokratie räsonnieren (Kap. 1 und 5), haben die Empiriker sich den konkreten Möglichkeiten einer Revitalisierung von Demokratie gewidmet. Vielfach begann die Debatte mit Skepsis, ob institutionelle Reformen in den entwickelten Demokratien möglich seien, wie in der Theorie der angeblich blockierten Gesellschaft.

4.1   Theorie der blockierten Gesellschaft

„La société bloqué" war in den 70er Jahren ein weit verbreitetes Schlagwort, das der französische Soziologe Michel Crozier 1970 in die Welt gesetzt hatte. Die Slogans bleiben - aber die Tatbestände ändern sich. Damals nannte Crozier die Gesellschaft blockiert, weil die studentische Protestbewegung das System in Schwierigkeiten gebracht hatte. Es ist heute vergessen worden, dass damals de Gaulles Macht wackelte und dieser nach Baden-Baden in die Obhut des Oberkommandeurs der französischen Streitkräfte in Deutschland floh.
Die Blockade lag in einem unüberbrückbaren Dilemma:

- Das Volk verlangte einerseits in seinen *kollektiven Organisationen* mehr Partizipationsrechte und stärkere soziale Daseinsvorsorge.
- Andererseits verlangten die Bürger *mehr individuelle Grundrechte* gegen den Staat.

Die Folge schien, dass der Staat überfordert und handlungsunfähig wurde. Der Widerspruch der beiden Prozesse, die Crozier damals ablaufen sah, war langfristig keiner:

- *Die Grundrechte*, die eigentlich als individuelle Rechte konzipiert worden sind, wurden *zunehmend kollektiviert* wahrgenommen. Inzwischen tun das nicht mehr die „selbst ernannten Volksmassen" der studentischen Stellvertreter eines erdachten Volkes, sondern die neuen sozialen Bewegungen: Ethnien, religiöse Fundamentalisten, Frauen-Power und zahlreiche sonstige Minderheiten.

- Die *Forderungen an den Sozialstaat*, von denen Kohl damals als „zügellosem Anspruchsdenken" sprach, sind kaum noch auf Ausdehnung der Leistungen gerichtet, sondern vielfach auf Gerechtigkeit bei der Reduktion sozialer Benefits. Sie zielen heute auf die soziale Gerechtigkeit als Fairness ab, im Sinne von Rawls. Die Fairness muss vor allem die sozial Schwachen betreffen, die beim Abbau eines hypertrophen Sozialstaats benachteiligt werden. Die Verteilung von Zugewinnen hatte einst den Vorteil, dass man auch den sozial Schwachen etwas zukommen ließ, von der *dynamischen Rente* (1957) und der *„Lohnfortzahlung im Krankheitsfall"* (1969) bis zum *„Solidaritätsgesetz"* (1991). Wenn man etwas dazu bekommt, ist man weniger kritisch, als wenn dem Nächsten nicht ebenso viel weggenommen wird, wie einem selbst.

- Die blockierte Gesellschaft ist eine Folge der deutschen Geschichte: nie wieder wollte man Machtansammlungen bei staatlichen Einrichtungen dulden. Daher ist der *Bundespräsident* so schwach wie nirgends in der Welt, und der *Föderalismus* so stark auf Blockademöglichkeiten getrimmt, wie in keinem anderen Bundesstaat. Mit guten Absichten hatte man die *Gemeinschaftsaufgaben* in der Finanzreform 1969 geschaffen. Sie schwächten die Eigenkompetenz der Länder, und stärkten die Einmischungskapazität der Länder in der zentralen Politik. Neuere Föderalismusreformen haben diese Vorteile wieder zunichte gemacht. Gleichwohl blieben Grundzüge erhalten:

- Eine extreme Machtverteilung bei *starkem Misstrauen gegen plebiszitäre Mehrheitsentscheidungen*. Aus Angst vor einer defektiven Demokratie, wie sie die Weimarer Republik wurde, haben die Grundgesetz-Väter und Mütter alles getan, rasche Entscheidungen zu verhindern. Im Vorfeld einer jeden Entscheidung drohen Entscheidungen des *Verfassungsgerichts*. Nach einer Studie gerieten 40% der Schlüsselentscheidungen nach Karlsruhe. 50% der anhängigen Gesetze waren GG-konform, 17.5% mussten „verfassungskonform" interpretiert werden, was Beschränkungen bedeutet. 14.8% erwiesen sich als nichtig, 19.4% unvereinbar mit GG. Das Verfassungsgericht ist aber kein Friedhof von Gesetzen - sondern höchstens bei 1-2% Entscheidungen. Aber die *Schlüsselentscheidungen* sind wichtig - denn solche sind beim Umbau des heutigen blockierten Sozialstaats gefordert (v. Beyme 1997: 304ff).

Mit der Verfassungsgerichtsbarkeit kommt zum Ausdruck, dass es eine Spannung zwischen Rechtsstaat und Demokratie geben kann. Auch Gesetze, die auf legale Weise mit einer Mehrheit der demokratischen gewählten Volksvertreter verabschiedet wurden, können gegen die Verfassung verstoßen und damit illegitim werden. Die *Verrechtlichung der Politik* darf aber nicht zu einem übermäßigen Einfluss des Verfassungsgerichts führen, weil es das Demokratieprinzip gefährden könnte (Landfried 2012: 8). Die neuesten Umfragen unter den Bürgern (Köcher 2012: 10). Wenn einzelne staatliche Institutionen einen Machtzuwachs erhalten, haben Bürger vielfach misstrauisch reagiert, nicht so im Falle des Bundesverfassungsgerichts. Die Verunsicherung einer Mehrheit der Bürger durch Projekte zur Fiskalunion und einer gemeinsamen Wirtschaftsregierung in Europa sahen die Mehrheit der Befragten 2012 skeptisch. Das Verfassungsgericht wird von 75% der Bürger mit Vertrauen bedacht, während der Bundestag nur bei 39% und die Parteien nur bei 17% Vertrauen genießen. Das Verfassungsgericht wuchs inzwischen offenbar in eine Art Schutzinstitution hinein, die verhindert, dass die deutschen Steuerzahler für die Fehler anderer europäischer Länder haften.

- *Demokratie und Rechtsstaat koexistieren*, aber sie sind nicht identisch. Im transnationalen Vergleich kovariieren beide Prinzipien mit Unterschieden. Nur in defekten Demokratien ist der Rechtsstaat jedoch unterentwickelt im Vergleich zum partizipatorisch-demokratischen Subsystem. Die Balance von Demokratie und Rechtsstaat zeigt jedoch: in Deutschland kann man von *„Postdemokratie"* reden, aber niemand käme auf die Idee, einen *„Post-Rechtsstaat"* zu proklamieren. Ein gewisses Übergewicht der Rechtsstaatlichkeit ist im Sinne der Pfadabhängigkeit von Institutionen in der deutschen Geschichte angelegt. Deutschland hatte einen funktionierenden Rechtsstaat schon im Kaiserreich, als man zwar ein allgemeines Wahlrecht kannte, aber gleichwohl keine Demokratie entwickelt wurde, weil die Regierung vom Vertrauen des Kaisers und nicht von Mehrheitsbeschlüssen des Reichstags abhing. Misstrauensvoten gegen die kaiserliche Regierung waren nach Ansicht des Kronjuristen Laband rechtlich so bedeutsam, wie „das Recht ein Hoch auf den Kaiser auszubringen". Heute muss das Verfassungsgericht seine *Schiedsrichterfunktion* mit Umsicht erfüllen. Dies ist nicht leicht, da Parlamentarier und Parteien die Drohung, nach Karlsruhe zu gehen, ständig für ihre Zwecke missbrauchen. Das Verfassungsgericht kann selbst durch rigorose Vorprüfungen und Gebühren für querulantische Anträge nicht immer klar entscheiden, wo es durch Teilinteressen eingespannt werden soll. Immerhin ließen sich bei 12% der Schlüsselentscheidungen Drohungen, das Verfassungsgericht anzurufen, selbst in Fällen nachweisen, die später nicht vor das Verfassungsgericht gebracht wurden. Der Einfluss der Verfassungsgerichtsbarkeit zeigte sich auch bei den Schlüsselentscheidungen der ersten 12 Bundestage bei 12,6% von Anstößen, die von einer Entscheidung des Verfassungsgerichts ausgingen (v. Beyme 1997: 186, 304). Defekte Demokratien sind nach den Definitionen der Transformationsforschung vor allem solche, die zwar einige demokratische Partizipationsrechte gewähren, in denen aber der Rechtsstaat zu wünschen übrig lässt. In Deutschland war der Rechtsstaat am stärksten geschützt, schon seit der Paulskirche, und später durch das österreichische Modell von Hans Kelsen, das für Deutschland Vorbild wurde. Heute ist das deutsche Bundesverfassungsgericht ein Modell in der ganzen Welt und wird einflussreich in Europa - was auch in anderen Ländern zu Blockaden führen kann (v. Beyme 2001, 2002).

- Die Tradition der Großverbände diente von jeher als Gegengewicht gegen die territoriale Zersplitterung. Dies führte einst zum *Korporatismus*, der aber nur funktionierte, solange den Gewerkschaften noch Leistungen für ihre Mitwirkung angeboten werden konnten. Trotzdem stürzte Brandt letztlich über die 10% Lohnzuwachs, die von den Gewerkschaften unter Kluncker ertrotzt wurden - mehr als über Guilleaumes Spionage-Affaire.

4.2 Demokratieverdrossenheit und Demokratiereform

In vielen europäischen Ländern hat sich der Sieg der Demokratie in Osteuropa negativ ausgewirkt. Das Feindbild des Totalitarismus entfiel, umso offener musste man über die eigenen Mängel in westlichen Demokratien nachdenken. Die „Transitology" war Anfang der 90er Jahre davon ausgegangen, dass die früheren kommunistischen Diktaturen rasch zu vollen Demokratien würden. Als nicht alle Träume reiften, wurde in der zweiten Hälfte der neunziger Jahre die „defekte Demokratie" als mögliche Dauerform der Regime-Lehre entdeckt. Anfang des 21. Jahrhunderts verlor Westeuropa seinen Hochmut und musste über Züge der defekten Demokratie im Westen diskutieren, da die Demokratie-Verdrossenheit des Volkes zunahm, die Wählerpartizipation abnahm und anomische Formen der politischen Partizipation sich ausbreiteten - nicht nur durch den Terrorismus.

Demokratiereform als Gegenmittel wird in diesem Beitrag auf zwei Ebenen diskutiert:

a) Theoretische Voraussetzungen der Demokratiereform.
b) Konkrete Vorschläge zur Reform des Parlamentarismus und des Parteienstaats.

Die Theorie der Demokratiereform folgte in der Regel vier Ansätzen:

1) Der *prozessorientierte Ansatz* seit Max Weber orientierte sich am Verhältnis von Herrschaft und Bürgern. In der Transformationstheorie wurde er seit 1990 fortentwickelt. Er ist weniger ergiebig für „konsolidierte Demokratien", um die es hier geht.
2) Der *institutionelle Ansatz*, der mit Aristoteles' Suche nach der besten Verfassung begann. „Opas Politikwissenschaft", die als Paläo-Institutionalismus startete, erscheint im Transformationszeitalter wieder relevant. Im Paradigmenkrieg haben sich Neomarxismus und Behavioralismus in den 60er und 70er Jahren erbittert bekriegt. Aber sie waren sich in einer Grundannahme einig: Institutionen sind leere Hülsen, die unterschiedlichen Interessen dienen konnen, die als Klassen oder Interessengruppen diese Hülsen für Machtpolitik benutzen. Erst später wurde die Eigenlogik von Institutionen im politischen System wieder erkannt. Auch konsolidierte Demokratien ha-

ben das *"constitutional engineering"* entdeckt, um verharschte Strukturen des Parlamentarismus und des Parteienstaats aufzubrechen. „Constitutional Engineering" war der Ansatz, der die Erforschung von Transformationsregimen und konsolidierten Demokratien verband. Dieser Ansatz tritt als „aufgeklärter Neo-Institutionalismus" auf, vor allem, wenn er sich mit rational-choice-Ansätzen verbindet.

3) Der *Policy-Ansatz* überwand die Input-Orientierung, die vor allem im prozessorientierten Ansatz dominiert und fragte nach dem Output an Policies, die eine Demokratie konsolidiert erscheinen lassen.

4) *Normative Theorien* der Demokratiereform, Fragen nach Gerechtigkeit und Gemeinwohl wurden durch den Paradigmawandel der 90er Jahre wieder gefragt, und werden nicht mehr wie im Alt-Behavioralismus als *„soul stuff"* abgetan (vgl. Kap. 5). Das Konzept der „deliberativen Demokratie" wird auch in komparativen neo-institutionellen Ansätzen wieder herangezogen. Jon Elster (1988: 319ff) und andere, die gelegentlich als *„Rational-Choice-Marxisten"* apostrophiert worden sind, hielten es für unmöglich, die Folgen eines geplanten Institutionen- und Verfassungswandels vorauszusagen und plädierten statt der Prognose - die einst dem Behavioralismus wichtiger erschien als die exakte aber statische Ist-Analyse - für die Verfolgung der normativen Frage nach der gerechten Lösung. Viele Komparativisten halten diese Frage für legitim, bleiben aber skeptisch, ob sich transnational ein Minimalkonsens über die jeweils gerechte Lösung durch deliberative Demokratie erzielen lässt. Vor allem Alt-Institutionalisten haben gern das liberale Credo nachgebetet, dass die Suche nach guten Menschen mit Bürgertugend vergeblich und sogar schädlich sei. Gute Institutionen sollten die Bürger an den Auswüchsen des Schlechtseins hindern.

Institutionen der Demokratie kann man durch einen routinisierten Gebrauch der Bürger definieren, der sich ihrer bedient, ohne ständig nach ihrer Legitimation zu fragen (Jesperson 1991: 149). Rational-Choice-Ansätze haben diese Sichtweise verstärkt. Politische Akteure haben unterschiedliche Optionen. Die Sichtweise hat sich mit den politischen Konjunkturen verschoben:

- In den *siebziger Jahren* stand auf dem Programm mehr Demokratie zu wagen und eine *euphorische Steuerungsdebatte* wurde zum demokratischen Äquivalent totalitärer Planungsutopien.

- Als mit dem Einbruch der Konjunktur *Mitte der 70er Jahre* die Euphorie verflog, führte der Katzenjammer über das Scheitern gutgemeinter Reformpolitik zur *Entdeckung der Pfadabhängigkeit von Reformen*. Politikern wurde klar gemacht, dass nicht beliebige Optionen für die Reform wählbar waren. Länder mussten gleichsam nach dem Gesetz weitermarschieren, nach dem sie angetreten waren und hatten nur begrenzte *„Handlungskorridore"* (z.B. enge Grenzen einer Bundesratsreform, solange die deutsche Neigung zur Politikverflechtung in der Mehrebenen-Politik dominierte).

- *Autopoietische Theorien* haben in den 80er und 90er Jahren schließlich für eine Selbstbeschränkung staatlichen Reformwillens plädiert und die Selbststeuerung der Subsysteme für die bessere Option gehalten. Der Staat wurde auf die Rolle des *Supervisors* zurück geschraubt. Damit verschob sich der Fokus von Reformbemühungen erneut: die Gesetzgebungslehre legte den Akzent noch auf die zentralen Entscheidungsgremien, die auf den „institutionellen Sitz der Volkssouveränität" einwirken (Parlament). Selbststeuerungstheorien haben hingegen Verwaltung und Implementation für entscheidender gehalten.

Reformpolitik hörte auf, einem zeitvergessenen Voluntarismus zu verfallen. Es wurde herausgearbeitet, dass *Reformen ihre Eigenzeit haben*. Ein Dichter wie *Gottfried Benn* hatte schon ganz nebenbei ein Dilemma aller Politik entdeckt: „Schlechte Politik - leicht gesagt, für ein Jahr, für zehn Jahre, für hundert Jahre?" Jede mittelfristig richtige Reform kann in Langzeitperspektive hinderlich werden, wie es in mancher Hinsicht mit einem Kernstück der erweiterten Demokratiekonzeptionen, etwa in der Mitbestimmung, geschah. Zu häufige Novellierungen oder gar größere Reformen können den Zeit- und Gewöhnungsfaktor vernachlässigen. Häufige Wahlrechtsreformen in Italien und in der fünften französischen Republik sind dafür Belege. Verfassungen zu häufig zu wechseln kann delegitimierend wirken, wie die Antwort eines Buchhändlers zu Beginn der fünften französischen Republik auf die Frage eines Kunden zeigte, ob er die französische Verfassung kaufen könne: „Tut mir leid, wir führen keine periodische Literatur".

Die Eigenzeit sinnvoller Demokratiereformen liegt zwischen der Ungeduld des Individuums, das sich seiner knappen Zeit in wichtigen Ämtern bewusst ist und den längerfristigen Strukturen der sozialen Zeit für die der Politiker

Reformen plant. Historiker der Annales-Schule hatten schon länger die „*Ungleichzeitigkeit des Gleichzeitigen*" entdeckt. Die Politikwissenschaft hat mit der Rezeption solcher Erkenntnisse zu lange gezögert. Die politische Zeit in der Demokratie ist auf einen Zeitraum von vier bis fünf Jahren geeicht. Im 11. Bundestag war die Mandatsdauer noch 8.2 Jahre, im 12. Bundestag sank sie bereits auf 6.1 Jahre. Selbst Legislatoren mussten nach der deutschen Wiedervereinigung mit einer kürzeren politischen Zeitperspektive rechnen. Die „*ministerielle Choreographie*" ist unter Schröder noch kurzatmiger geworden als sie schon früher war. Abgeordnete, die sich länger im Mandat hielten als diese Durchschnittswerte andeuten, haben gleichwohl nur zwei Legislaturperioden - also acht Jahre - , in denen sie im Zentrum des Entscheidungsprozesses stehen und in maßgeblich als Berichterstatter oder Ausschussvorsitzende wirken. Viele Reformen wie die Renten- oder die Strafrechtsreform haben weit länger gedauert als acht Jahre (v. Beyme 1997). Wegen der „Vordringlichkeit des Befristeten" (Luhmann) können die Gesetzgeber auch nicht auf alle Anregungen von Öffentlichkeit und organisierten Gruppen reagieren, und riskieren damit halbherzige Reformen, die bei der kleinsten Änderung im Kräfteparallelogramm der Macht wieder umgestoßen werden (z.B. Steuerreform seit dem Jahr 2000).

Postmoderne Hedonisten oder linksgerichtete Alltagsmilieus haben die Neuen sozialen Bewegungen auf die Fahnen geschrieben. Parteien hingegen galten als „alte Organisationen, welche die „neue Politik" angeblich nicht organisieren konnten (Siri 2012: 11). Ein wichtiger Grund war die sich ausbreitende *Politikverdrossenheit*, die noch vor der Postdemokratie zum Schlagwort wurde. Die wichtigsten Gründe für die Politikverdrossenheit schienen nach Umfragen (Arzheimer 2002: 146):

- Effekte der Medien 32%
- Moralische Schwächen der Politiker 26%
- Folgen des Wertewandels 25%
- Problematische Selbstdarstellung der politischen Akteure 21%
- Inkompetenz der Politiker 21%
- Auflösung der traditionellen Milieus 20%.

Die SPD kam in den Kritiken als der Inbegriff der traditionellen hochorganisierten Milieupartei meist besonders schlecht weg: „Niemand braucht eine

Partei, die jedes Mal, wenn sie regiert hat, eine neue linke Partei hinterlässt"
(Patzelt 2010: 48). Je profilierter die soziale Position einer Partei erscheint,
umso gefährdeter ist ihre Stellung, sowie in Regierungskoalitionen Verschie-
bungen auf der Rechts-Links-Skala unvermeidlich werden. In der Ära Merkel
hat diese Gesetzmäßigkeit die CDU erfasst, der vielfach eine Sozialdemokra-
tisierung vorgeworfen wurde. 2009 haben die beiden größten Parteien Union
und SPD mit 56,8% gemeinsam 12,5 Prozentpunkte verloren (Jesse 2009: 44).
Gleichwohl wird darin nur eine Aufforderung an die Parteien gesehen, sich
mit ihrer Reform zu befassen. Zu wenig wird betont, dass sich der Niedergang der Wahlbeteiligung und der Parteimitgliedschaft in Deutschland im
internationalen Vergleich normalisiert. Im Vergleich zu den USA sind die
Strukturen der deutschen Parteien immer noch ziemlich stabil. Da es unwahrscheinlich ist, dass Deutschland sich mit der bloß temporären Präsenz
der Parteien nach amerikanischem Vorbild abfinden wird, muss über neue
Formen der Organisation nachgedacht werden und dabei sind die neuen
Medien von besonderer Bedeutung (vgl. Kap. 2). Krisentheorien gehen auch
im Bereich der Parteienanalyse von der ethisch-moralischen Überlegenheit
von Protestbewegungen aus. Sie übersehen, dass die politische Organisation
der Altmoderne noch immer alternativlos ist und dass die idealisierten Protestbewegungen kein funktionales Äquivalent der Parteiorganisationen darstellen (Siri 2012: 220, 254).

Teile der Reform von Parlamentarismus und Parteienstaat sind schwer zu
reformieren, weil die Abgeordneten institutionelle Eigeninteressen verfolgen
wie in der Diätenregelung, der Parteienfinanzierung oder den Antikorrupti-
onsgesetzen, wenn sie etwa die Abgeordnetenbestechung unter Strafe zu
stellen versuchen. Die Führungsgruppen im System der Demokratie sind als
„politische Klasse" Vorteilsnehmer in eigener Sache, auch wenn sie in ihrer
Kapazität als politische Elite qua *„responsiveness"* verhältnismäßig selbstlos
Entscheidungen zugunsten Dritter, der Bürger, treffen.

4.3 Einzelvorschläge zur Reform von Parlamentarismus und Parteienstaat

Reformpolitik hat zudem den Wandel auf mehreren Ebenen einzukalkulie-
ren: Sozialer Wandel und Wandel der Parteien findet auf verschiedenen Ebenen statt: Gesellschaftsebene, Wählerebene, Ebene der Parteienorganisation,

Ebene des politischen Systems. Auf allen Ebenen laufen unkontrollierte Prozesse ab, neben den Wandlungen die vom politischen System partiell gesteuert werden können. Demokratiereformen sind durchsetzbar, wenn die Bürger den Eindruck bekommen, dass sie weniger zu verlieren und mehr zu gewinnen haben als die politische Klasse. Bei Umfrageforschungen über die Bürger im Verhältnis zu ihrem Parlamentarismus und Parteienstaat (Patzelt 1999, Patzelt 2001: 9) zeigte sich jedoch, dass die Reformvorstellungen der Bürger und der Politiker von ziemlich unterschiedlichen Systemperzeptionen ausgehen. Bürger haben eine Abneigung gegen Fraktionsdisziplin und treten für eine archaische Stufe der Gewaltenteilung mit Unvereinbarkeit von Mandat und Exekutivamt ein. Die Kandidatenaufstellung in der Partei ist der Mehrheit ein Dorn im Auge. Direktwahlen von Landräten bis zu Ministerpräsidenten werden bevorzugt. Selbst sechs Prozent der Abgeordneten sind sich nicht ganz klar über die Option, die das Grundgesetz für ein parlamentarisches und gegen ein präsidentielles System getroffen hat. Ein neues Wahlsystem und Referenden auf allen Ebenen werden vielfach verlangt (v. Arnim 2001: 358). Einem empirischen Parlamentsforscher wie Patzelt wurde schon vorgeworfen, er wolle letztlich nur das System erhalten, weil seine wichtigste Option war, die Bürger über ihr System aufzuklären, um sie von falschen Perspektiven auf mögliche Demokratiereformen abzubringen.

Acht Reformen von Demokratie und Parteienstaat wurden in verschiedenen Varianten vorgeschlagen:

1) Änderung des Wahlsystems.
2) Direktwahl der Exekutivspitze.
3) Zeitliche Mandatsbegrenzung für Abgeordnete und Minister.
4) Aufhebung des Fraktionszwanges.
5) Verschärfung der Bedingungen für die Parteienfinanzierung.
6) Intensivierung der Korruptionsbekämpfung.
7) Primaries zur Demokratisierung der Kandidatenaufstellung der Parteien.
8) Einführung von Referenden auf allen Ebenen.

(1) Änderung des Wahlsystems
Hans-Herbert von Arnim (2001: 351) hält die *Einführung eines relativen Mehrheitswahlrechts* heute für leichter als früher. Die tendenziellen Folgen sind

aber in der Zeit der Großen Koalition ausführlicher besprochen worden als heute: Systeme mit konkordanzdemokratischen Traditionen können keine Reform wagen, die willkürlich etablierte kleinere Parteien abschaffen. Durch die Entstehung der Grünen ist das Argument noch gewichtiger geworden. Wer würde etwa ein Sechstel der Bevölkerung ohne Repräsentation lassen wollen? Die Hochburgen der beiden großen Volksparteien würden noch mehr veröden als unter dem jetzigen Wahlsystem. Diese Tendenz würde sich noch verschärfen, wenn über die britische Lösung hinaus noch amerikanische Modelle von Vorwahlen eingeführt würden.

Das jetzige Wahlrecht scheint kompliziert, aber es ist angenommen und wird rational gehandhabt, wie das zunehmende Stimmensplitting zeigt. Nur die ins Kraut schießenden *Überhangmandate*, die sich noch dazu auf wenige Parteien konzentrierten, erregten zunehmend Unmut. Das Bundesverfassungsgericht hat 2012 die Reform der Überhangmandate in einem Urteil eingeleitet, sie aber nicht gänzlich verworfen, sodass erneute halbherzige Kompromisse zu erwarten sind. Taktisches Wählen, das auch Koalitionspräferenzen des Einzelbürgers einkalkuliert liegt zwischen 10% und 20% und wirkt flexibel und stabilisierend zugleich. Neuseeland hat als Land britischer Commonwealth-Tradition eine Variante des deutschen Systems eingeführt. Der Grund war die Rücksicht auf Minderheiten. Arnim empfahl noch das Kumulieren und Panaschieren, das es in einzelnen Bundesländern schon gab. Vor allem Baden-Württemberg zeigte jedoch, dass eine solche Möglichkeit „Rathausparteien" und regionale Klüngel stärkt. Sie erscheinen unpolitisch, sind aber harte Interessengruppen, die an Gewicht gegenüber den Volksparteien gewinnen. Daneben erweisen sich auch konsolidierte Demokratien als gefährdet durch Extremismus- und Populismus. Das Haider-Syndrom würde sich in einem solchen Wahlrecht rasch über die Strohfeuer-Kampagne hinaus ausweiten können.

(2) *Die Wahl der Exekutivspitzen durch das Volk* soll einen Reformdruck an den Parteien vorbei erzeugen (v. Arnim 2001: 336ff). Schon Theodor Eschenburg hatte eine ähnliche Erwägung einst für die Länder und Kommunalebene angestellt. Er ging von der altliberalen Vorstellung „unpolitischer Agenden" auf niederer Ebene aus, weil es „keine christdemokratische Straßenbeleuchtung und keine sozialdemokratische Bedürfnisanstalt" geben könne. Die Beispiele waren schlecht gewählt, denn kurz nach diesem Diktum kam es in

seiner Stadt Tübingen zu einem erbitterten Konflikt um die Priorität einer Reithalle oder eines Kindergartenzentrums. Es zeigte sich, dass eine anscheinend unpolitische Agenda durchaus parteipolitisch polarisierend wirkte. Aber auch für die höchste Ebene ist einigen Theoretikern der Demokratiereform wie Erwin Scheuch (2000: 13) der Parteienstaat ein Dorn im Auge, weil wir nur noch „Körbe von Politikern" wählen können. Gleichwohl kam es bisher nicht zu Vorschlägen einer radikalen Änderung des Wahlrechts, obwohl Scheuch einst in der Wahlrechtskommission der Großen Koalition war, die weitreichende Innovationen anpeilte, die schließlich an einem rot-gelben Arrangement scheitern sollten.

Selbst Hans Herbert von Arnim schlug nicht vor, den Bundeskanzler direkt zu wählen. Er hat wohl gesehen, welcher Missbrauch mit dem Gedanken getrieben wurde, als Berlusconi das französische semi-präsidentielle Regime befürwortete. Als ihm in einer Versammlung der Name „Sartori" zugerufen wurde, der dieses seit längerem für Italien erwog, rief er zurück: „wo ist dieser Sartori? Man führe ihn zu mir!". Es zeigte sich, dass der populistische Premier von der wissenschaftlichen Debatte keine Ahnung hatte und rein manipulativ an die Festigung seiner Macht dachte. Israel ist das einzige Land gewesen, dass die Direktwahl des Premierministers neben einem Präsidentenamt eingeführt und schleunigst wieder abgeschafft hat.

Diskutabler scheint die *Direktwahl für die Ministerpräsidenten der Länder*. Aber eine solche Demokratiereform wäre nicht wirkungsvoll ohne gleichzeitige Stärkung der Landtagskompetenzen. Eine Föderalismusreform wäre die Voraussetzung. Die Politikverflechtung müsste durch Wettbewerbsföderalismus ersetzt werden. Nicht wenige Ministerpräsidenten hätten gern die Direktwahl ohne diese bundesstaatliche Reformvoraussetzung. Wir haben auch ohne die Direktwahl des Ministerpräsidenten schon das Problem sinkender Partizipation bei Landtagswahlen. Einige Reformvorschläge zielten auf die Zusammenlegung aller Landtagswahlen ab. Diese Reform wäre äußerst unglücklich. Einmal würden die Landtagswahlen dann die Funktion amerikanischer *mid-term-elections* für den Bund gewinnen und ihren landeszentrierten Sinn vollends verlieren. Zum anderen wäre eine solche Lösung antiföderalistisch. Der Bund müsste tief in die Verfassungsstrukturen der Länder eingreifen, und etwa diskretionäre Auflösungspraxis einiger Länder verbieten, weil sonst die Landtagswahlen bei vorzeitigen Auflösungen von Landesparlamenten rasch wieder aus dem Gleichschritt gerieten (v. Beyme

1992). Ostdeutschland hat diesen Prozess vorexerziert, denn dort hatten einst alle Landtagswahlen simultan stattgefunden.

Eine weitere Gefahr der Direktwahl des Ministerpräsidenten wäre die Blockade der Reformen, die herbeigesehnt werden, weil feindliche „Kohabitationen" eines direkt gewählten Landesvaters und einer anderen Parteienmehrheit noch häufiger auftreten dürften als in Frankreich. Dort hat die „cohabitation" zwar nicht zum Ruin des Systems geführt wie einzelne Politikwissenschaftler anfangs befürchteten, und die Franzosen haben ihre anfängliche Hysterie gegenüber verschiedenen Mehrheiten für den Präsidenten und das Parlament überwunden. Aber niemand wird leugnen, dass das dualistische System Frankreichs vielfach zu schweren Reibungsverlusten geführt hat.

(3) Die Begrenzung der Amtszeiten für Abgeordnete und Minister.
Der Vorschlag ist von den Grünen häufig gekommen. Gewiss wäre etwas mehr Rotation im Bundestag wünschenswert. Aber es wurde schon demonstriert, dass man effektiv nur in wichtigen Ausschüssen arbeiten kann, in die man nicht vor vier bis acht Jahren gelangt. Zwei weitere Perioden in diesen Ämtern würden etwa vier Legislaturperioden bedeuten, und das macht bereits einen halben Lebenszeitjob aus. Deutschland steht in dem Ruf die ältesten Studenten und die jüngsten Pensionäre zu haben. Daran muss dringend etwas im Hinblick auf die Altersversorgung geändert werden. Der Bund der Steuerzahler hat einen gangbaren Vorschlag gemacht. Die Einkommen der Abgeordneten sollten nicht gesenkt - wie eine populäre Forderung lautet - sondern erhöht werden, aber um den Preis, dass auch die Volksvertreter künftig für ihre Altersversorgung selbst verantwortlich werden (Schleswig-Holsteinischer Landtag, Drucksache 15/1500. 19.12. 2001). Eine solche Regelung könnte vermutlich auch verhindern, dass ein Mandat nur wegen der in Zukunft winkenden Privilegien angestrebt wird.

Bei Ministern ist eine Limitierung der Amtszeit kaum nötig. Deutschland liegt mit 5.5 Jahren bei Ministern im gehobenen Durchschnitt des internationalen Vergleichs, aber nicht spektakulär hoch. Bei Spitzenpolitikern könnte eine Begrenzung der Amtsperioden sogar unliebsame Folgen haben. Hätten die Deutschen Adenauer auf dem Höhepunkt seines Wahlerfolgs 1957 nach zwei Amtsperioden in Pension schicken sollen? In Chile wäre das gescheiterte Experiment Allende vermieden worden, wenn Präsident Frei nach der

Verfassung noch eine zweite Amtszeit vergönnt gewesen wäre. Ist es eine gute Regelung, dass der verfassungsmäßig forcierte Abgang von Clinton die Wahl von Bush vermutlich ermöglicht hat? Für den Frieden im Nahen Osten sicher nicht. Gleichwohl tauchte der Vorschlag nach der Ära Kohl wieder auf.

(4) Aufhebung des Fraktionszwangs

Der Fraktionszwang wird in Weltanschauungsfragen schon immer gelockert. Ohne eine gewisse Parteidisziplin in den sonstigen Fragen könnten Parteien ihre Funktion der Bündelung der Stimmen nicht mehr erfüllen, es käme die reine Unberechenbarkeit in einer Abstimmungslotterie heraus, die sich häufig in Amerika ergibt, wo die Fraktionsdisziplin weiter unter europäischem Level liegt. Umfragen unter Bürgern ergeben ein widersprüchliches Bild von der Auffassung des parlamentarischen Mandats. Einerseits soll der Abgeordnete für viele eine Botenfunktion haben, die dem imperativen Mandat nahe kommt, andererseits soll er aber von Einflüssen außerhalb des Wahlkreises frei sein. Dabei ist der Wahlvorgang, den große Mehrheiten rational handhaben, eher auf Parteilisten als auf Persönlichkeitselemente abgestellt. Wie ganz freie Mandatare zu einer effizienten Willensbildung auf parlamentarischer Ebene kommen sollen bleibt zudem unklar.

(5) Die Reform der Parteienfinanzierung

Es gibt keinen anderen Bereich des Parteienstaates in dem so viel durch Gerichtsurteile und Gesetzesnovellen experimentiert worden ist wie im Bereich der Parteienfinanzierung. In keiner anderen Gesetzgebungsmaterie ist der Gesetzgeber so häufig vom Bundesverfassungsgericht gezüchtigt worden und musste immer neue Mängelrügen erleiden und Löcher des Missbrauchs stopfen. Am weitreichendsten ist der Vorschlag, den einst schon Theodor Eschenburg lanciert hat: ein Bürgerbonus, von einer neutralen Instanz verwaltet, wird an die Parteien verteilt. Bei Missbräuchen werden die Gutscheine für eine Partei vorenthalten. Als neutrale Institutionen sind „Amnesty International" oder das „Rote Kreuz" genannt worden. Ob diese sich mit der undankbaren Aufgabe belasten wollen? Die alte Frage: *quis custodiet custodes?* (wer wacht über die Wächter?) ist noch immer nicht beantwortet. Arnims Vorstellungen (2001: 346) gehen weiter als der frühere Vorschlag Eschenburgs. 1983 hatte die Parteienfinanzierungskommission bereits eine zusätzliche Finanzstimme für den Wähler erwogen.

Die *Selbstversorgung der Parteien* (v. Arnim 2012: 7) ging jedoch trotz einiger Verfassungsgerichtsurteile und Gesetzesnovellen weiter. 2012 wurden die Parteien mit 151 Millionen Euro bezuschusst. Das Verfassungsgericht hat diese Entwicklung mehrfach missbilligt und Obergrenzen gezogen, sowie Bewilligungsverfahren vorgeschrieben, welche jede Erhöhung der Parteifinanzen der öffentlichen Kontrolle unterwirft. Die Parteien waren jedoch findig im Erdenken von Umweg-Finanzierungen: Die Fraktionen erhielten 2012 ca. 190 Millionen Euro, 81 Millionen gingen an die Bundestagsfraktionen und 109 Millionen an die Fraktionen in den Landtagen. 98 Millionen Euro erhalten die parteinahen Stiftungen. Dabei sind die 252 Millionen, mit denen sie im Ausland wertvolle Arbeit leisten, nicht mit gezählt. Im Bundestag werden inzwischen ca. 5000 Mitarbeiter der Abgeordneten mit 152 Millionen Euro bezahlt. Diese Entwicklung verstärkte die Oligarchisierung der Parteien und trug zur Untergrabung der unabhängigen Arbeit der parteinahen Stiftungen bei.

Das Bundesverfassungsgericht ging im Ganzen einen weniger radikalen Weg als die publizistischen Kritiker der Parteien. Die Wahlkampfkostenerstattung wurde nach Auflagen des Verfassungsgerichts von 1992 (BVerfGE 85: 264ff) gesetzgeberisch neu geregelt. Wahlkampfkostenerstattung und Chancenausgleich wurden durch eine Teilfinanzierung der Parteien ersetzt, nach dem die Zweckbindung staatlicher Mittel sich als ein künstliches Instrument erwiesen hatte, das zum Missbrauch einlud. Um die Eigenkräfte in den Parteien anzuregen, wurden diese Mittel jedoch an den Erfolg parteilicher Anstrengungen in Form von gesammelten Mitteln und Stimmen bei den Wahlen gebunden, unter Sonderregelungen für die kleinen Parteien. Die Begünstigung der ersten fünf Millionen Stimmen, die eine Partei erhält, wurde als „verkappter Sockelbetrag" angesehen. Die Obergrenze von 230 Millionen DM wurde, ohne dass das Verfassungsgericht dies verlangt hatte, festgeschrieben. Damit war vorgesorgt, dass die Parteienfinanzierungsdebatte nicht zur Ruhe kommt. Wählerparteien vom Typ der Grünen scheinen durch diese Subventionsregelung schwächer dotiert als Kaderparteien vom Typ der PDS und nachmals der „Linken". Die Neuregelung ist sogar als „vorverlegte Verschanzung" gegenüber allen „Herausfordererparteien" eingeschätzt worden (Rudzio 1994). Die Reform enthielt Anreize zur Organisation von Schein-spenden. Möllemann erwies sich einst als Meister der Stückelung.

Die Ausgabenseite der Parteifinanzen ist bisher weit seltener untersucht worden als die Seite der Einnahmen. Sie ist jedoch auch für die Tendenzen der Einnahmen von Bedeutung, falls sich eine *Kommerzialisierung* als dauer-hafter Trend nachweisen lässt. Die wichtigsten Ausgabenposten sind politi-sche Arbeit (vor allem innerparteiliche Gremienarbeit), Personal und Verwal-tung. Bei den beiden größten Parteien in Deutschland haben sich die Ausga-ben stark angenähert. Ein knappes Viertel der Ausgaben entfällt auf die poli-tische Arbeit. Bei FDP und Grünen liegt dieser Anteil noch höher. Ausgaben für Wahlkampftätigkeiten können von den Parteien nicht mehr als ein vor der Konkurrenz gehütetes Betriebsgeheimnis behandelt werden. 1996 und 1997, Jahre mit nur regionalen Wahlen, betrugen die Ausgaben für Wahl-kämpfe bei der SPD 11 und 19%, bei der CDU 14 und 7%.

Der Kauf von Leistungen gegen Geld der Parteien, welcher die *Kommer-zialisierung* vorantreibt, ist allenfalls bei den Parteizentralen üblich, kaum bei den Untereinheiten der Parteien. Im Gegensatz zu Amerika ist der Wahl-kampf noch weitgehend von der Partei koordiniert und lässt keine großen Abweichungen bei einzelnen Kandidaten und Abgeordneten zu. Zur Ver-hinderung einer Verselbständigung der Parteien ist der von Eschenburg lancierte Bürgerbonus von der Sachverständigenkommission (Bericht 1983: 213) wieder aufgegriffen worden ist. Die Parteien – mit Ausnahme der Grü-nen – haben jedoch eine dritte Finanzstimme (die über die Verteilung der staatlichen Mittel den Wähler entscheiden lässt) als „Bonus für Spaßvögel und Querulanten" bisher abgelehnt (Landfried 1994: 311). Auch die Einfüh-rung der amerikanischen *Matching funds* – staatliche Gelder an die Beiträge und Kleinspenden zu koppeln - die von einem USA-Spezialisten vorgeschla-gen worden ist (Lösche 1984: 125) - schien ein Weg zu sein, die Staatssubven-tionierung wieder stärker an die Leistungen der Parteimitglieder zu koppeln. Das Bundesverfassungsgericht hat ihn beschritten.

Der Ausbau der öffentlichen Parteienfinanzierung hat sich gerade für un-konventionelle neue Kräfte und noch nicht gefestigte Organisationen als tödliche Gefahr erwiesen. Als die Grünen im Dezember 1990 bei den Bundes-tagswahlen scheiterten, mussten sie über Nacht auch den wirtschaftlichen Ruin erkennen. Der Schatzmeister der Grünen rechnete für die 11. Wahlperi-ode mit 12,7 Millionen DM weniger an staatlichen Zuschüssen. Die Zwangsausgaben von Bundestagsabgeordneten aus deren Diäten entfielen zusätzlich. Die Wahlkampfkostenerstattung und der Sockelbetrag fielen aufgrund des schlechten Abschneidens niedriger aus als erwartet. Auch die unkonventionelle Antipartei der Grünen hatte sich in wenigen Jahren an die öffentliche Subventionierung gewöhnt, so scharf sie auch deren Missbräuche und Übertreibungen angeprangert hatte.

Die sechste Novelle zum Parteiengesetz hat die Auflagen des Bundesverfassungsgerichts von 1992 zur Wahlkampfkostenerstattung (BVerfGE 85, 264ff.) gesetzgeberisch umgesetzt. Wahlkampfkostenerstattung und Chancenausgleich wurden durch eine *Teilfinanzierung der Parteien* ersetzt. Die Zweckbindung der staatlichen Mittel an Wahlkampfkostenerstattung, die immer etwas Künstliches hatte und zum Missbrauch einlud, wurde durch eine Teilfinanzierung aller Funktionen von Parteien ersetzt. Um die Eigenkräfte anzuregen, wurden diese Mittel jedoch an den Erfolg eigener Anstrengungen in Form von gesammelten Mitteln und Stimmen bei den Wahlen gebunden. Für jede Stimme wurde 1,- DM vergütet. Um die kleinen Parteien nicht zu benachteiligen, sollten für die ersten fünf Millionen DM 1,30 zugeschossen werden. Für jede DM, die Parteien aus Mitgliedsbeiträgen oder Spenden aufbrachten, sollte ihnen DM 0,50 aus dem Bundeshaushalt vergütet werden. Eine Kommission unabhängiger Sachverständiger sollte über die Auswirkungen der Neuregelung bis 1999 berichten.

Die Begünstigung der ersten fünf Millionen Stimmen, die eine Partei erhielt, wurde als „verkappter Sockelbetrag" angesehen. Die Obergrenze von 230 Millionen DM war festgeschrieben worden, ohne dass das Verfassungsgericht dies verlangt hatte. Aber schon für 1994 wurde eine Obergrenze bis 250 Millionen DM für angemessen errechnet. Es war damit vorgesorgt, dass die Parteienfinanzierungsdebatte nicht zur Ruhe kommen konnte. Wählerparteien vom Typ der Grünen scheinen durch die Subventionsregelung schwächer dotiert als Kaderparteien vom Typ PDS. Die Neuregelung ist sogar als „vorverlegte Verschanzung gegenüber allen, auch demokratischen Herausfordererparteien" eingeschätzt worden (Rudzio 1994: 399). Die Neuregelung enthielt Anreize zur Organisation von Scheinspenden. Die Entwicklung von den Volks- und Mitgliederparteien zur postmodernen Rahmenpartei professioneller Parteieliten wurde durch die Neuregelung vermutlich begünstigt. Bei ihr kam es weniger auf die Mobilisierungskraft von Massen-

parteien an als auf findige Parteieliten, die in geschickt arrangierten Netz-
werken ihre Erfolge im „fundraising" von der Staatskasse belohnen lassen.
Nach der CDU-Spendenaffäre wurde im April 2002 eine 8. Änderung des
Parteiengesetzes vom Bundestag beschlossen. Eine Kommission des Bundespräsidenten hatte zuvor wertvolle Zeit vertan, so dass der Reformdruck verflogen schien. Die Schatzmeister galten erneut als die Bösewichter, die durch
die Untersuchungskommissionen das Verfahren verzögerten. So kam es nach
Ansicht von Hans Herbert von Arnim (2002: 1066) gegenüber dem Skandal-
rhythmus zu einer „antizyklischen Gesetzgebungsstrategie." Neue Vorschrif-
ten über Rechenschaftslegung traten Anfang 2003 in Kraft. Die „Drei-Länder-
Grenze" sollte erst ab 2005 gelten: nach dieser Bestimmung musste eine Par-
tei, die bei einer Bundestags- oder Europa-Wahl nicht wenigstens 0,5% der
Zweitstimmen und bei den letzten Landtagswahlen nicht in mindestens drei
Ländern 1 Prozent der Stimmen erreichte, auf den Zuschuss von 38 Cent pro
Zuwendungseuro verzichten. Bisher reichte 1% der Stimmen bei der letzten
Landtagswahl in einem Bundesland. Die Splitterparteien wurden damit erneut benachteiligt. Die Kriterien für zugelassene Spenden wurden verschärft:
Bar-Spenden durften 1000 Euro nicht überschreiten, Spenden von Unter-
nehmen der öffentlichen Hand waren untersagt, sowie Spenden von bezahl-
ten Spendeneinwerbern, wenn deren Entgeld 25% des Wertes der Spende
überstieg. Diese Vorschrift richtete sich gegen eine Praxis wie die Abonne-
ment-Werbung des Bayernkuriers der CSU.

Wichtige Desiderate sind vom Gesetzgeber wieder nicht erledigt worden,
wie die Spezifizierung von Sanktionen und Kontrollen, das Verbot der „Par-
teisteuern" für Mandatsträger. Die Schlupflöcher für Manipulationen bei
Steuervergünstigungen sind nicht alle gestopft. Der im Strafgesetzbuch ein-
gefügte Tatbestand der Abgeordnetenkorruption (§ 108e StGB) ist weiterhin
„symbolische Gesetzgebung" geblieben.

Die staatliche Finanzierung von Parteien wird vielfach stellvertretend für
alle Etatisierungstendenzen verketzert. Zu Unrecht, denn sie ist nur ein In-
diz, nicht die Ursache dafür, dass Parteien immer stärker in die staatliche
Sphäre hineinwachsen. Dieser Prozess ist unumkehrbar und keineswegs nur
negativ zu beurteilen. Die traditionelle Scheidung zwischen Staat und Gesellschaft lässt sich nicht mehr aufrechterhalten, auch wenn linke Oppositionen
an diese Topoi des 19. Jahrhunderts wieder anzuknüpfen versucht haben.
Die Gruppen stehen dem Staat nicht mehr bloß als fordernde Interessenver-

bände gegenüber, sondern treffen mit dem Abbau der „Verbandsprüderie" der traditionellen Staatsmetaphysik selbst zunehmend politische Verteilungsentscheidungen zusammen mit staatlichen Institutionen.

Die Polemik gegen die Staatsfinanzierung geht von einem veralteten Ideal der sich selbst finanzierenden Mitgliederpartei aus. Dies ist auch durch den Wandel der Motivation für die Parteimitgliedschaft zum Teil überholt. Selbst die SPD ist heute nicht mehr die verschworene Gemeinschaft der einander duzenden Kämpfer für die Unterprivilegierten. Ausschließliche Selbstfinanzierung stärkt die Tendenzen von Patronagepolitik, wie die USA als abschreckendes Beispiel zeigen. Die Aufgaben der Parteien sind vielfältiger geworden, die Mitgliederzahlen aber sind nicht mehr zu steigern. Sie sind nicht einmal mehr auf alter Höhe zu erhalten. Umfragen zeigten, dass die Beitrittswilligkeit begrenzt ist, auch wenn der alte Anti-Parteien-Affekt, der 1949 alle neuen Parteien suspekt machte, weitgehend abgebaut werden konnte. Mit der Entwicklung zu Volksparteien kann keine Partei mehr hoffen, den Bürger in allen Fragen an sich zu binden und womöglich auch alle auftauchenden Sinnfragen des Lebens noch zu beantworten, wie es die alten Subkulturparteien der Katholiken und der weltanschaulich gebundenen Sozialisten versuchten. Umfragen zeigten, dass der Bürger den Parteien rationaldistanzierter gegenübersteht und je nach Problem seine Präferenz für bestimmte Parteien aufteilt. Daher sind auch Fragen nach der Parteienidentifikation in der Bundesrepublik häufig in die Irre gegangen. Sowohl die neuen Medien als auch die neuen sozialen Bewegungen mit ihren populistischen Ablegern (Kap. 2. u. 3) haben die Möglichkeiten der Parteien verändert.

Deutschland als das Land der Erfindung staatlicher Parteienfinanzierung (nach Puertorico) strebte die beste beider Welten an und erhielt die schlechteste: *Treue zur etatistischen Tradition* mit hohen staatlichen Subventionen und einer erfindungsreichen Taktik des *Fundraising aus privaten Quellen*, die trickreich undurchsichtig gehalten werden. Verschärfungen von Offenlegungspflichten und die Suche nach immer neuen Möglichkeiten, Missbräuche zu minimieren werden zur ständigen Herausforderung. Die einmalige große Reform in diesem Bereich aber wird es vermutlich nicht geben. Die staatliche Parteiensubventionierung muss die Mitte halten zwischen dem Zwang zur Aufspürung immer neuer privater Gelder und zunehmender Trägheit der Parteibürokraten, die es nicht mehr nötig haben, die Mitglieder und deren Opfersinn zu mobilisieren. Dieses Gleichgewicht wird durch immer neue

Experimente verbessert werden müssen, aber eine Wunderwaffe der Demokratiereform ist diese Stückwerktechnologie bisher in keinem demokratischen Land geworden.

(6) Bekämpfung der Korruption
Es ist bereits befürchtet worden, dass der Staat zunehmend die Definition des
Gemeinwohls verliert und zur Appellationsinstanz herabsinkt, wenn die
Gemeinwohlrhetorik der Parteien sich allzu weit von einem Minimalkonsens
über das Gemeinwohl entfernt. Auch in diesem Bereich gibt es keine Patent-
lösung. Huntington (1981) entdeckte auch für Amerika den IvI-gap - *ideals vs
institutions*. Das heißt die Ideale des amerikanischen Credos müssen von Zeit
zu Zeit durch Säuberung von Missbräuchen in den Institutionen wieder zur
Geltung gebracht werden. Erwin und Ute Scheuch (2000: 15) haben für
Deutschland bereits „belgische Verhältnisse" konstatiert, weil die Parteien im
Spendensumpf versinken. Pauschalurteile wurden mehr und mehr durch
vergleichende empirische Untersuchungen ersetzt. Korruption wird messbar
gemacht durch die Häufigkeit korrupter Tauschhandlungen, die Summe der
erkannten Bestechungsgelder und den Gesamtvorteil, den die Beteiligten
durch die Korruption erhalten. Es fehlen weitere Zahlen über die Häufigkeit
der Anklagen und der Verurteilung. Transnationale Daten beruhen meist auf
subjektiven Fremd- und Selbsteinschätzungen der Eliten in verschiedenen
Ländern. „Transparency International" hat 1998 Befragungsergebnisse von
Wahrnehmung durch Geschäftsleute veröffentlicht (Lambsdorff 1999: 67):
Deutschland lag auf der „Sauberkeitsskala", die von den skandinavischen
Ländern, Neuseeland, Kanada und Singapur angeführt wurde, nur an 15.
Stelle, dicht vor USA (Platz 17). Neuere Ergebnisse von „Transparency Inter-
national" des Jahres 2002 haben Deutschland einen noch niedrigeren Platz
auf Rang 18, nunmehr hinter den USA (Platz 16) zugewiesen (Deutschland
ist ein korruptes Land. Tagesspiegel 29. 8. 2002: 18). Im „Corrpution
Perceptions Index" von 2011 lag Deutschland an 14. Stelle, hinter kleinen
Ländern von Neuseeland bis Island, vor Großbritannien (Platz 16) und den
USA (Platz 24). Deutschland war einst in das untere Drittel der Länder abge-
rutscht, mit denen es sich normaler Weise vergleicht. Inzwischen scheint sich
die Lage in der Perzeption gebessert zu haben, weil in anderen Ländern die
Korruption noch stärker zum Thema wurde. Als Gegenmittel gegen die Kor-
ruption, die sich in der Finanzkrise noch ausbreitete, wird die Einführung

der skandinavischen Informationsfreiheit gefordert. In Schweden besteht das Bürgerrecht auf Akteneinsicht seit 1766. Die USA kamen dem Ziel durch den „Freedom of Information Act" 1964 etwas näher. Nach skandinavischen Usancen sind Behörden zu Transparenz verpflichtet und müssen ihre Ausschreibungen veröffentlichen. Nur vier Bundesländer, Brandenburg, Berlin, Nordrhein-Westfalen und Schleswig-Holstein haben bisher eine vergleichbare Regelung eingeführt. In Krisenzeiten, wie beim Wiederaufbau in Hochwassergebieten, ist die Korruptionsgefahr besonders hoch. Es hat sich aber in Ländern mit häufigen Erdbeben gezeigt, dass durch Lockerung der Vorschriften keine Zeit gewonnen wird.

Bei Umfragen unter Wirtschafts- und Politik-Eliten zeigte sich schon früh ein gewisses wechselseitiges Misstrauen: Wirtschaftler halten politische Eliten für ideologisch. Politiker die Wirtschaft nicht für gemeinwohlorientiert (Abromeit 1981). Gleichwohl kommt es zu vertrauensvollen Kooperationen, keineswegs immer im Sinne des Gemeinwohls. Auf der Wirtschaftsseite wurden die meisten Korruptionsfälle von Mitarbeitern aufgedeckt (51%), 20 von Ehefrauen, 19% von Wirtschaftsprüfern und 10% von der Firmenleitung. Die staatlichen Sanktionen erwiesen sich als gering. Bei einem Schaden von 33 Millionen wurden in einem Untersuchungszeitraum 2 Millionen an Geldstrafen und 1.1 Millionen an Bußen verhängt.

Auch in diesem Bereich ist in jüngster Zeit einiges geschehen, etwa in der Parteiengesetznovelle vom April 2002. Arnim nannte die Regelung freilich ein Alibigesetz. Es wurde bei illegalen Spenden bis zu drei Jahren Haft angedroht. Aber die Großspenden wurden nicht angegangen. Es gibt noch immer keine flächendeckende Kontrolle durch Wirtschaftsprüfer. Das Betriebsgeheimnis wird vor allem auf der Ausgabenseite immer wieder vorgeschoben. Parlamentariern wird erst seit 1995 Strafe für Korruption angedroht, aber nur bei Stimmenkauf vor einer Abstimmung. Die Geschichte der Untersuchungsausschüsse vom Hauptstadtbeschluss (1950) bis zur Steiner-Affaire bei der Wahl Brandts zum Kanzler zeigte, dass es kaum je zu klaren kausalen Zuschreibungen kam. Die Klimapflege und das „Anfüttern von Verwaltungsbeamten" werden geahndet, die bis 1999 noch straffrei waren und sogar von der Steuer abgesetzt wurden, wenn sie in fernen Ländern geschahen. Selbst der BGH hat einst die Ansicht vertreten, dass vom deutschen Unternehmer nicht verlangt werden könne, in Ländern, in denen staatliche Aufträge nur durch Bestechung zu erlangen sind, auf diese Mittel zu verzichten. Erst

Druck führte zur Ratifizierung der OSZE-Konvention gegen Bestechung im internationalen Geschäftsverkehr. Radikale Offenlegungspflichten versanden in Deutschland häufig. „Nationale Sicherheit" ist eine beliebte Ausrede. Die Angst vor den Kosten eines Bürgerservice schreckt Länder ab. Sie hat sich in den Bundesländern, die das skandinavische Modell imitierten, als unbegründet erwiesen. Regelungen die 1998 in Kraft traten, führten in Potsdam bis zum September 2001 nur zu 233 Anfragen.

Langfristige Mittel gegen die Korruption erscheinen wieder die Begrenzung der Amtszeiten. Konservative Kritiker des Bestehenden von Scheuch bis zum Bund der Steuerzahler sind für Erhöhung der Parlamentarierdiäten, bei Abbau der Versorgungs- und Rentenprivilegien (Schleswig-Holsteinischer Landtag, Drucksache 15 / 1500. 19. 12. 2001: 8). Der Wiedereintritt in den Beruf muss erleichtert werden. Scheuch verlangte gar 10 Jahre Berufserfahrung, damit der Politiker „recycle-bar" erscheint. Verbindlich regeln ließe sich das kaum. Kohl war der Prototyp des Berufspolitikers, der seit dem Studium hauptsächlich Politik trieb. Aber er könnte - wie in Kürschners Handbuch - immer nachweisen, dass er etwa 10 Jahre als wissenschaftlicher Mitarbeiter am Institut für Politische Wissenschaft in Heidelberg und später bei einem Verband gearbeitet habe. Ein Berufsnachweis müsste zu noch mehr Curriculums-Lyrik führen, als sie die Politiker uns schon vorsetzen. Biographische Handbücher zu den Abgeordneten gehören laut Eschenburg zu den „diskretesten Nachschlagewerken der Welt".

Weit erfolgversprechender wäre die Einführung rigoroser quasirichterlicher Befugnisse von Untersuchungsausschüssen wie in den USA. Sonst kommt es nur zu dem Ergebnis, der sich seit dem ersten Korruptionsfall der Bundesrepublik (Bonn vs. Frankfurt in der Hauptstadtdebatte), wo ein Nachweis des kausalen Zusammenhangs zwischen den geflossenen Geldern und der Abstimmung nicht erbracht konnte. Der KPD-Abgeordnete Renner hatte damals recht: „Es kreißt der Berg und gebiert eine Maus" (BT 1951: 5849 C). Bei Reformern, die stark auf plebiszitäre Komponenten setzen, werden auch die Primaries als Mittel der Antikorruptionspolitik gepriesen. Die USA zeigen freilich, dass angesichts des plebiszitären Rummels auf regionaler Ebene der Einfluss organisierter Interessenten, die den Wahlkampf finanzieren, eher größer ist als im europäischen System innerparteilicher Kandidatenaufstellung.

(7) Einführung von Vorwahlen

Die Einführung von Vorwahlen nach amerikanischem Modell ist schon mehrfach gefordert worden. Die CDU hat in Rheinland-Pfalz 1971 kurzzeitig damit experimentiert. Plebiszitäre Mechanismen in der Partei wurden vielfach diskreditiert. Im Kontest zwischen Schröder und Scharping gewann letzterer einst dank der Mehrheit der „Kanalarbeiter" in der Mitgliedschaft. Das Parteiestablishment zweifelte an der Weisheit dieser Entscheidung und hat bei der nächsten Auswahl wieder den repräsentativen Bestellungsmodus des potentiellen Kanzlerkandidaten der Partei gewählt.

Vorwahlen können sinnvoll erscheinen, wo die Wahlbeteiligung und die Parteiidentifikation so gering sind, wie in Amerika. Aber sie haben die paradoxe Folge, dass die Partizipation bei nationalen Wahlen weiter abgesenkt wird, vor allem in Hochburgen der Parteien. Im Lichte der geforderten „Lügenkommission" kann man nur warnen. Im innerparteilichen Wettbewerb ist die Kontrolle über den Realismus gemachter Versprechen gering. Wer demagogisch auftritt und viel verspricht hat größere Chancen. Zudem begünstigt es die Lokalmatadoren, die die Unterstützung wichtiger organisierter Interessen in ihrem Wahlkreis mobilisieren können.

(8) Referenden auf allen Ebenen

Selbst bei Sachentscheidungen wie in der Stadtplanung wurden plebiszitäre Partizipationsformen vorgeschlagen und mit Dienels „Planungszelle" in Nordrhein-Westfalen sogar ausprobiert. Der Kostenaufwand stand in keinem Verhältnis zum planerischen Ertrag. Dieses Argument entfällt bei einmaligen plebiszitären Akten, die überschaubare Kosten nach sich ziehen.

Das Volk zeigt in allen Umfragen, dass es stärker partizipieren möchte. Lange war der Ausbau der plebiszitären Komponente eine Forderung der extremeren Gruppen. Der institutionelle Rigorismus der Bundesrepublik führte dazu, dass jede Forderung in diese Richtung schon mit dem Ruch umgeben schien, man wolle „eine andere Republik". Auch der Mythos, dass die Weimarer Republik an seinen Referenden zugrunde gegangen sei, hielt sich hartnäckig (Jung 1990). Gleichwohl hat die vergleichende Forschung bei den Experten nicht den gleichen Enthusiasmus für Referenden erzeugt wie beim Wahlvolk:

- *Parteien und Parlamente*, die um ihr Ansehen beim Wähler kämpfen, werden *geschwächt*. Hinsichtlich der Parteien ist das bei Konservativen, die das Referendum fordern, sogar erwünscht.
- *Die Regierungsstabilität wird nicht erhöht*, weil ein negativer Ausgang eines Referendums wie ein Misstrauen gegen die Exekutivspitze ausgelegt wird. Kein Geringerer als De Gaulle erlebte den Anfang seines politischen Endes, als er in Fehlkalkulation der Volksstimmung ein populäres Problem (Regionalreform) mit einem unpopulären Versuch, den Senat zu entmachten, verband. Norwegen, ein Land mit seltenem und moderatem Gebrauch von Referenden, erlebte zweimal das Paradoxon, dass die Sieger in einem Prohibitionsreferendum in den anschließenden Wahlen unterlagen (Caciagli/Uleri 1994: 175). Trotz staatstragender Ergebnisse läutete das Referendum von 1993 in Italien den Rücktritt von Ministerpräsident Amato in der Krise der alten Republik ein, welche die neuen konservativen Mehrheiten schon als „erste Republik" zur Geschichte zählen wollten.
- Häufige Referenden und vor allem Volksinitiativen, falls diese möglich werden, *stärken die Interessengruppen* außerhalb des politischen Systems im engeren Sinne, weil diese allein die Kapazität aufbringen, das nötige Stimmenquorum zu organisieren (der Fall der Schweiz).
- Referenden müssen die Komplexität politischer Entscheidungen durch klare Ja- und Nein-Fragestellungen unzulässig *vereinfachen und wirken polarisierend*. Es fehlt zudem an Kontinuität der Themenbehandlung. Parlamente haben den Vorteil, dass sie kontinuierlich an Kompromissen arbeiten (Vosskuhle 2012: 7).

Da kein Land Finanzfragen dem Volk vorlegt, *kommt der Aspekt ökonomischer Rationalität zu kurz*. Der Welt teuerste Ruine, wie das nicht fertig gebaute Kernkraftwerk Zwentendorf in Österreich, ist ein Denkmal für diesen Nachteil.

- In der Zeit der Mobilisierung der 70er Jahre wurde vielfach unterstellt, das Volk werde innovativ abstimmen. Im Vergleich europäischer Systeme spricht einiges dafür, dass das Referendum *eher stabilisierende als innovative Kräfte im Volk freisetzt* (Caciagli/Uleri 1994: 58). Auch reife Demokratien wie Dänemark lehnten einst die Senkung des Wahlalters auf 18 Jahre - als Strafaktion gegen die Studentenrebellion - ab, und Schweden musste die vernünftige und dringend gebotene Umstellung auf Rechtsverkehr nach einem abgelehnten Referendum stark verspätet per Parlamentsbeschluss einführen. Italien ist das Land, das nach der Schweiz am häufigsten vom Referendum Gebrauch machte - in konsultativer Form. In den ersten 25 Jahren nach der Einführung 1971 fanden 26 Referenden mit 8 Urnengängen statt. Gewichtige Materien wie Scheidung (1974) und Abtreibung (1981) waren darunter, aber auch Marginales, wie die Einschränkung der Jagd (1990) oder die Abschaffung des Tourismus-Ministeriums (1993). Das italienische Volk hat immer moderat und verantwortungsvoll entschieden, gelegentlich sogar unbeliebtes akzeptiert, wie die staatliche Parteienfinanzierung. Für Routineentscheidungen ist das Instrument des Referendums zu schwerfällig. Allenfalls bei Innovationsentscheidungen kann es gelegentlich verhärtete Parteienfronten aufbrechen helfen und der Legitimationsbeschaffung dienen. Die plebiszitäre Systemtransformation, wie sie am Anfang der 5. französischen Republik und seit 1994 in Italien stand, ist jedenfalls dem Systemzusammenbruch noch immer vorzuziehen. Italien zeigte jedoch, dass ein Land, das nach der Schweiz das Volk am häufigsten konsultierte, gleichwohl in eine schwere Verfassungskrise geraten kann. Auch Befürworter eines „constitutional engineering" empfehlen das Mittel mit Vorsicht einzusetzen (Sartori 1994: 165).

Die *Ausweitung der plebiszitären Demokratie* gilt dabei als weniger Erfolg versprechend als die neuen Formen der Demonstrations- und Protestkultur. Aber das Nebeneinander von plebiszitären, medialen und repräsentativen Partizipationsformen schützt vor „Verbonzung" und Elitarismus nur, wenn bei den Parteien nicht das Kandidatenwahlrecht, Personalwahlen ohne Auswahl, inszenierte Personenkultparteitage und Ämterkumulationen grundsätzlich reformiert wird. Die SPD hat im Dezember 2011 die Urwahl von Amtsträgern und unmittelbare Mitgliedervoten zur Abstimmung gestellt (Bender /Wiesendahl 2011: 24). Frühere Versuche bei der CDU die plebiszitäre Komponente in der Kandidatenauswahl zu stärken, sind jedoch immer wieder im Sande verlaufen. Die Demokratiediskussion reizt zu pauschalen Empfehlungen. Ein Autor, der eine „mandative Demokratie" befürwortete (Behrendt 2011: 362f), forderte sogar: „Streiks gehören abgeschafft. Es gibt bessere Methoden der Streitschlichtung". Streiks galten als „barbarische Kampfmittel" des Frühkapitalismus. Gerade in jener Periode waren aber die großen Theoretiker des Liberalismus von Adam Smith bis John Stuart Mill allenfalls für lokale Kleinstreiks.

Volksabstimmungen galten in Krisenzeiten der Demokratie häufig als Wunderwaffen gegen die politische Entfremdung der Mehrheit. Uwe Wagschal (2008: 90) hat in einer empirischen Analyse von Schweizer Volksabstimmungen nachgewiesen, dass es sich bei Plebisziten nicht um „herrschaftsfreie Diskurse" handelt, dass in der Regel die politische Mitte mit ihren Abstimmungsparolen entscheidet. Einige Demokratieforscher wie Wolfgang Merkel (2011: 55) blieben skeptisch gegen den Ausbau der plebiszitären Komponente. Die Selbstentmachtung eines mit zwei Dritteln der Bevölkerung des Parlaments zugunsten eines häufig „Ein-Drittel-Referendums-Demos" – wie bei der Hamburger Schulreform – schwächt die Legitimationsgrundlage der Demokratie. Das Volk ist in dieser Konzeption eine „ausgedünnte Schrumpfversion des Volkes" der mittleren und oberen Schichten, welche die Unterschichten weitgehend ausschließt. Die Vehemenz solcher Urteile verkennt freilich, dass unorthodoxe plebiszitäre Formen durch neue Mobilisierungsstrategien auch die marginalen Schichten einbeziehen können und dass die Partizipation nicht nur nach Effizienzgesichtspunkten betrachtet werden darf, sondern auch im Placebo-Effekt für entfremdete Gruppen der Gesellschaft. Diese finden sich sogar häufiger in den Mittel- als in den Unterschichten.

Der Komparatist lebt generell in dem Dilemma, dass er einerseits ein *Abwiegler* wird, der zeigen kann, dass der *Alarmismus* in einem Lande überflüssig ist, weil es schlimmere Situationen in anderen vergleichbaren Ländern gibt, und die Allheilmittel, die plebiszitär gestimmte Populisten empfehlen, sich im Vergleich nicht als solche erweisen. Andererseits wird er damit „*normativ unmusikalisch*", um ein Wort Max Webers zu verballhornen, das auf die Religiosität gemünzt gewesen ist. Als Paläo-Institutionalisten wie Eschenburg in der Ära Adenauer über institutionellen Wandel räsonierten, war dies ungefährlich. Der Kalte Krieg und der Minimal-Konsens im Verfassungsbogen verhinderte starke Pendelausschläge des Volkswillens. Im Zeitalter der Wellen, die Le Pen, Haider oder Pim Fortuyn hochspülten und ihre Systeme in die Bredouille brachten, ist stärkere Vorsicht geboten hinsichtlich leichtfertiger Änderungen am repräsentativen Parlamentarismus und am Status quo der Parteiendemokratie. Das klingt nach einem Nothing-new-under-the-approach, etwa im Sinne von Eugen Roth:

„Man führe gern aus seiner Haut,
doch wie man forschend um sich schaut,
da sieht man ringsum lauter Häute,
in die zu fahren auch nicht freute.
Man bleibt nach flüchtigem Besinnen,
doch lieber in der seinen drinnen."

Einem ernsthaften Demokratie-Fatalismus entgeht der Komparatist meist durch die Rückwendung zur normativen Theorie der Politik. Viele Normativisten von der deliberativen Demokratie bis zur Subsystemdemokratisierung, die in der Serien „Parteiendemokratie in der Krise" von der Frankfurter Allgemeinen Zeitung mobilisiert wurden, verlangten weniger institutionelle Reformen als ein neues Ethos und eine neue politische Kultur (z.B. Kielmansegg 2000: 3). Dem ist schwer zu widersprechen, wie aber können diese Prämissen geschaffen werden? Der nach Normen Suchende wird meist auf den Erziehungsprozess vertröstet. Kurzfristig wird allenfalls mehr Geld für die politische Bildung gefordert.

Was aber passiert, wenn die Aufklärung die Schüler langweilt wie der Religionsunterricht im agnostischen Milieu? Die eigentliche Gefahr von Parlamentarismus und Parteienstaat ist ihre schiere Überlebensfähigkeit. Die parlamentarische Demokratie mit einem Mehrparteiensystem war bis 1990 leuchtendes Gegenbild gegen den bürokratischen Totalitarismus. Seit sie obsiegt hat, scheint sie sich tot gesiegt zu haben. Wie lange halten Bürger es aus, dass selbst das mediale politische Infotainment sich rasch abnützt? Erosion durch Langeweile begünstigt Populisten am Rande des etablierten Systems. Daher wird es sinnvoll, eine ganze Reihe von Reformen experimentell zu versuchen, von den Primaries bis zur Direktwahl von Exekutivämtern und Referenden. Diese Innovationen aber verlangen weitere Studien über ihre Wirkungsweise im Systemzusammenhang, für den sie nicht geplant sind. Komparatisten werden daher auch in Zukunft nicht arbeitslos. Deutschland trug für die Demokratiereform an zwei Hypotheken:

- die plötzlich erreichte Einheit,
- und das selbstblockierte Institutionengefüge.

1) *Die Einheit.* Nicht Kohl hat Mitterand und Thatcher überzeugt, sondern die Rechnungen der Finanzminister in diesen Ländern, die zeigten, was es kostet, eine souveräne demokratische DDR zuzulassen, die praktisch schon in der EU war. Man überließ das Problem der Bundesrepublik und sie sackte von der Spitze ins Mittelfeld beim Prokopf-Einkommen. Das wäre jedem anderen Land auch so gegangen. Man stelle sich vor Frankreich hätte Tschechien plus Ungarn integrieren müssen - zu Bedingungen des „tutto e subito", die dazu führten, dass die DDR-Wirtschaft ruiniert wurde.

Wir haben die Einheit relativ gut institutionell bewältigt: Die Treuhand war besser als ihr Ruf. Länder drückten sich, weil sie die Kosten scheuten. Aber nun war der Bund auch besonders stark ruiniert. Lambsdorff schätzte einst die Kosten der Wiedervereinigung auf 100 Milliarden – tatsächlich waren das etwa die jährlichen Ausgaben. Jede Ankündigung, Mittel für das Subventionsfass zu streichen, führt zu Protesten im Osten. Ein Fünftel der Bevölkerung, das relativ einheitlich wählte, konnte den Ausschlag geben - das hat sich 1990 und 1998 gezeigt.

2) *Das selbstblockierte Institutionengefüge.* Am Vorabend ihrer ersten Wahl hat Margret Thatcher auf die Frage, was sie ändern wolle, erklärt „alles". Kohl hätte gleiches nie sagen können. Bei uns wächst die Politikverdrossenheit ja auch aus dem für das Volk schwer erklärlichen Widerspruch - dass scharfe Opposition gemacht wird (Wahlslogan: „Zukunft kann man nicht mit „links" machen), aber zugleich unendliche viele Gremien und Räte zur Findung von gemeinsamen Entscheidungen bestehen: Von der Gesundheitsreform bis zum Zuwanderungsgesetz. Ein Politikwissenschaftler nannte das schon die „Berliner Räte-Republik".

4.4 Demokratiereform in Koalitionsverhandlungen, Regierungserklärungen und im Policy-Output

Die Debatten um Innovation der Demokratie schweben in der Regel über der konkreten Politik. Sie würdigen keineswegs, dass vor allem in Deutschland Innovationen für das System periodisch diskutiert und propagiert werden, vor allem in Koalitionsverhandlungen und Regierungserklärungen. Theorien für eine neue Demokratiekonzeption sind meist weit entfernt, die normativpragmatischen Anstrengungen einer jeden neuen Regierung und ihrer Koalitionsparteien ernst zu nehmen. Ebenso wenig werden die Restriktionen im konkreten institutionellen System berücksichtigt, mit denen auch die gutwilligsten neuen Regierungen zu kämpfen haben.

Ein Minimum an Projekt schien in deutschen Regierungen unerlässlich, weil die Sozialstaatlichkeit – neben dem Rechtsstaat – einen hohen Verfassungsrang (Art. 28) besaß. Die Konzeption sozialstaatlicher Daseinsvorsorge war in deutschen Bundestagen - und selbst in einzelnen Parteien wie der CDU - nicht einheitlich. Die Teile der Unionsparteien, die von der katholischen Soziallehre her dachten, waren gegen eine liberale einseitige Betonung der Rechtsstaatlichkeit stärker gefeit als altliberale Teile der Unionsparteien, die es ebenfalls gab. Da die Väter und Mütter des Grundgesetzes jedoch – im Gegensatz zu Italien – auf die Kodifizierung von sozialen Grundrechten in der Verfassung verzichtet hatten, fiel die Aufgabe einer Projektierung von Handlungsschritten den Regierungserklärungen zu. Politik als „teleokratische Programmrealisierung", die Wilhelm Hennis (1977: 190) nach seinem Bruch mit der SPD anprangerte, entwickelte sich gleichwohl nicht. Eher findet sich in den Regierungserklärungen eine „opportunistische Praxis", die nach einer Definition von Luhmann (1971: 77) nicht in „ziellosen, druckabhängigem Schlendern durch die Landschaft der Zwecke und Werte" besteht, sondern „sie braucht Gesichtspunkte, nach denen sie auch den Wechsel der Präferenzen noch organisieren und selbst höchste Werte, wenn nicht negieren, so doch warten lassen kann". Trotz relativ gesicherter Lebenserwartung von vier Jahren haben die Bundesregierungen die „Vordringlichkeit des Befristeten", die Luhmann für unerlässlich hielt, in weiten Teilen ihrer programmatischen Erklärungen gehuldigt.

Neue Ideen hinsichtlich der Planung zukunftsträchtiger Projekte entstanden während der Protestbewegung Ende der 60er Jahre. Die 68er Bewegung machte den Vorwurf der „Theorielosigkeit" in Wissenschaft und Politik ubiquitär. Dabei hatten die Parteitage ursprünglich die Funktion einer Weiterentwicklung der Programmatik. Je mehr jedoch die Parteien zu Volksparteien wurden, wurden die Parteitage – auf kurze Frist angelegt – öffentlichkeitsbezogen. Wahlwerbung wurde wichtiger als die Programmentwicklung (Dittberner 1973: 443). Die Programmfunktion wurde zunehmend ausdifferenziert. Wissenschaftler und Politiker haben in Zusammenarbeit häufig die ersten Akzente der Programmentwicklung gesetzt, wie Weizsäcker in der

CDU, Ehmke in der SPD und Dahrendorf in der FDP (vgl. v. Beyme 1979: 19). Besonders von der SPD wurde in der linken Politik, welche die Programmdiskussion wieder angestoßen hatte, moniert, dass die Arbeit der *Langzeitkommission* praktisch unter Ausschluss der Öffentlichkeit mit Wissenschaftlern stattfand (Scharping /Wollner 1973: 76). Bei der SPD zeigte sich am stärksten von den deutschen Parteien eine gewisse *Doppelgleisigkeit der Programmatik*: Das *Langzeitprogramm* mit weitreichenden Synthesen erfüllte kaum die Verbindungsfunktion zwischen dem Godesberger Programm und den *Wahlkampfplattformen oder Regierungsankündigungen*. Werbend wurde eigentlich meist nur der Teil der Programmatik, der im Interesse der Machterhaltung publikumswirksam war (Grube 1976: 167). Während Kritik im linken Flügel der SPD dafür plädierte, lieber „die Programmwunde weiter schwären zu lassen" als den Orientierungsrahmen in der geplanten Form zu verabschieden (Narr 1975: 212), hatten objektive Beobachter eher den Eindruck, dass nicht der Mangel an weitreichenden Projekten das Manko der Zeit war, sondern die Tendenz zur Ökonomisierung der Reformen. Dabei wurde der Hinweis auf „finanzielle Engpässe" nicht selten zum Vorwand, auch begrenzte Projekte nicht wirklich anzupacken.

Wo Koalitionen sich schwer auf Maßnahmen einigen können, oder zu großen Widerstand der Oppositionsparteien befürchten, wird vielfach zum Mittel einer *Aufspaltung des Regelungsfeldes* gegriffen. Wenn eine Materie neu und kompliziert erschien wie die Umweltpolitik hat die kleinere Koalitionspartei Kritik mit dem Hinweis zu besänftigen versucht, dass detaillierte Regelungen erst in Novellen und Ausführungsbestimmungen geregelt würden. Mit Erfolg tat Genscher dies beim Bundesimmissionsschutzgesetz (1974), in dem er die nicht geregelten Materien im Abwasserabgabengesetz und in einer Novelle zum Wasserhaushaltsgesetz zügig zu behandeln versprach (7. WP. 16. 1. 1974: 4691 C). Dies Verfahren hatte einen weiteren Vorteil: die Lobbyisten schwiegen weitgehend zu dem allgemein gehaltenen Gesetz und wurden erst tätig, als Ausführungsbestimmungen klar werden ließen, wo Interessen großer Verbände von dem Gesetz tangiert worden sind.

Habermas hat einst die Bürokratisierung, die Vergesetzlichung und die Justizialisierung als Einfallstor der zerstörerischen Kräfte gegenüber der Lebenswelt der Bürger angeprangert. Aber die *Verrechtlichung* muss im Gegensatz zur Bürokratisierung positiv beurteilt werden, wo sie die Freiheit der Bürger stützt, wie im Familien- oder Schulrecht. Wer die Verrechtlichung kritisiert ist in der Regel nicht für die Rückkehr zur Prügelstrafe. Das Verhältnis der Bürger zur Verrechtlichung ist vielfach ambivalent: abstrakt wird die Regulierung gelobt, aber Alternative und Grüne forderten den Abbau von staatlicher Reglementierung und mehr Autonomie für ihre Lebensbereiche. Zugleich arbeiteten auch alternative Bewegungen an der gesetzlichen Regelung des nahezu Unregelbaren, wie der „Vergewaltigung in der Ehe". Die Verrechtlichung und Vergesetzlichung ist vielfach nach Politikfeldern ganz unterschiedlich eingeschätzt worden: in der Bekämpfung von Extremismus und Terrorismus wurde sie von der Linken vielfach abgelehnt, aber bei der Intervention in konservative Familienstrukturen durchaus gefordert. Die *Justizialisierung* ist gerade von alternativen Bewegungen häufig als Mittel der Blockade gegen die Mehrheit des „Establishments" benutzt worden. Koalitionen und Oppositionen können sich somit bei der Trinität in der Kritik von Habermas eigentlich nur auf Gegnerschaft gegen die *Bürokratisierung* einigen. Der Verzicht auf gesetzliche Regelungen bedeutet auch nicht notwendiger Weise ein Ende der Verrechtlichung. In den ersten zwei Legislaturperioden gab es neben einem hohen Gesetzesoutput fast doppelt so viel Verordnungen wie Gesetze und in der 3. Legislaturperiode wurde das Missverhältnis noch krasser (1093 : 424) (Loewenberg 1969: 334).

Deutschland war im internationalen Vergleich nicht darauf vorbereitet, seine Probleme zu lösen - obwohl die Einigung zeigte, dass das System nicht so marode war, wie Scharpfs Theorie der *„Politikverflechtungsfalle"* zu unterstellen schien. Wir haben *kein alternierendes Mehrheitssystem* wie Großbritannien - wo Mehrheitsentscheidungen auf Zeit gefällt werden, ohne dass gleich mit einem Verfassungsgericht gedroht werden kann. - Wir haben aber auch *kein Proporzsystem*, wie es die Schweiz einst hatte, wo alle relevanten Parteien in der Regierung saßen und wo ständige Referendumsdrohungen staatliche Aktionen ermöglichten, oder auch noch häufiger verhindert wurden. Wir haben die *Konkordanzdemokratie* nur im Vorfeld, aber für Einigungsschritte wird keine kollektive Verantwortung übernommen. Deutschland konnte auch *Schweden mit einer hegemonialen Stellung der Sozialdemokratie* nicht nachahmen, wo die Sozialdemokratie mit den Gewerkschaften verflochten ist und diese in die Politik einbindet, und wo das bürgerliche Lager sich zu keiner CDU aufschwingen kann, sondern fragmentiert in drei bis vier relevante Kräfte geblieben ist, die nur kurzfristig regierungsfähig wurden. Regierungschef Persson konnte aufgrund dieser hegemonialen Position der Sozialdemokratie den geordneten Rückzug aus dem Sozialstaat schaffen - wie Branting einst den geordneten Einmarsch in den Wohlfahrtsstaat mit einer „Volks-heim-Ideologie" bewirkt hat.

Deutschland musste innerhalb der bestehenden Institutionen einen Aus-weg finden, was durch die Notwendigkeit der Koalitionsbildung erschwert wurde. Am einfachsten wäre 2002 eine *Große Koalition* gewesen, um das be-schämende Hin- und Her von Ablehnung und Zustimmung zu vermeiden (wie beim Zuwanderungsgesetz). Inzwischen ist der Optimismus verflogen, dass große Koalitionen die Probleme lösen. Wir hatten eine kleine *Föderalis-musreform*, sie hat aber einige Probleme eher „verschlimmbessert".

Nachdem diese Gelegenheit versäumt wurde, gab es nur noch die Mög-lichkeit „*Kurs zu halten*". Schröder hatte kaum eine Chance für eine dritte Amtsperiode. Er könnte aber in die Geschichte eingehen, als der Kanzler, der seiner Partei rigorose Opfer abverlangte, während Kohl diese Möglichkeit 16 Jahre lang versäumte. Es sollte sich einpendeln, dass zwei Amtsperioden genug sind, auch wenn wir uns keine Beschränkung wie in Amerika wün-schen. Eine Unions-geführte Regierung versuchte nach Schröders Ausschei-den die Politik eines latenten Konsenses der beiden größten Parteien vollen-den - und konnte ab 2009 auf eine relativ aufgeklärte Oppositionspolitik der SPD rechnen.

2002 ist der Wahlsieg sehr knapp ausgefallen. Einige Analytiker (Geyer u. a. 2005: 230) formulierten bissig: „Vor vier Jahren, bei der Unterschrift des ersten Koalitionsvertrages, gab es Sonnenblumen, rote Nelken, viel Sekt und verheißungsvolle Reden. Diesmal gibt es Mineralwasser, keine Fragen, keine Antworten". Ein schöner Druckfehler erhellte die Stimmung: „Weder der Koalitionsvertrag noch die erste Regierungserklärung am 29. Oktober 2002 vermittelten Aufbrauchstimmung" (Egle/Zohlnhöfer 2007: 12). „*Aufbruch-stimmung*" wurde vermisst – „*Aufbrauchstimmung*" hingegen konnte für den zweiten Teil dieser Episode als gelungener Sprechfehler gewertet werden. SPD und Grüne hatten kein wirkliches Projekt erarbeitet. Das Urteil: "Rot-Grün ist in gewisser Weise das sinn- und begründungsloseste Regierungs-bündnis seit Bestehen der Bundesrepublik (Walter 2005: 109f) ist gleichwohl eine Übertreibung. Man konnte die schwache Performanz der zweiten Regie-rung Schröder auch als Konsequenz eines Erfolges deuten. Es waren in der ersten Regierung Schröder so viele Projekte abgearbeitet worden, dass sich 2002 nur noch „Aufräumarbeiten" anboten, wie die abermalige Schaffung eines Zuwanderungsgesetze und die Änderungen im Hochschulrahmengesetz (Andreas Busch in: Egle / Zohlnhöfer 2007: 408ff). Zum Fehlstart der zweiten Regierung Schröder trug das Haushaltsdefizit bei, das sich nach der Wahl aufgrund falscher Wachstumsprognosen auftat. Die Opposition witterte Morgenluft und setzte im Dezember 2002 einen Untersuchungsausschuss ein, der klären sollte, ob die Koalition die Öffentlichkeit bewusst falsch informiert habe (BT Drs. 15/125: 4).

Die zweite Regierung Schröder trat die Flucht nach vorn an. Unter dem Schlagwort *„Agenda 2010"* wurde eine Anzahl von wirtschafts- und sozialpolitischen Maßnahmen zusammengefasst. Nicht nur in der politischen Arena fand sie viele Feinde – auch in der SPD, vor allem unter gewerkschaftsnahen SPD-Dissidenten. Die Anerkennung der Agenda wurde gelegentlich wegwerfend durch Einordnungen wie „ein Sammelsurium des kurzfristig Machbaren" geschmälert. Popularität sollte durch die Ablehnung der Teilnahme am Irak-Krieg aufgebaut werden, was freilich durch die Dominanz der innenpolitischen Themen nicht das gewünschte Echo fand.

Oft fragten Politiker und Wissenschaftler, warum Gerhard Schröder vorgezogene Neuwahlen anstrebte. „Selbstmord aus Angst vor dem Tod?" textete „Der Spiegel" (online 23. 3. 2005). Offiziell gab Schröder als Motivation für die Auflösung bekannt, dass er fürchten musste, keine Bundestagsmehrheit für eine Politik erreichen zu können. Viele Hypothesen wurden aufgestellt:

- Die vorzeitige Bundestagsauflösung war eine Reaktion auf ungünstige Wahlergebnisse,
- Verschlechterung der Stimmenverteilung im Bundesrat,
- plebiszitäre Legitimierung für die „Agenda 2010",
- fehlgeschlagene Konsolidierung des Bundeshaushalts.
- Die Wahlalternative der Linken (WASG), an der alte PDS-Genossen, aber auch einige linke Sozialdemokraten mitwirkten, sollte keinen Spielraum zur Entfaltung bekommen. Tatsächlich aber wurde Schröder durch diesen Coup einer unechten Vertrauensfrage zum Geburtshelfer einer neuen Konkurrenzpartei und trug dazu bei, dass die beiden Volksparteien mit weniger als 70% der Stimmen auf den Stand von 1953 zurückfielen. Drei kleine Parteien, die Grünen, die Linke und die FDP erreichten erstmals ein Viertel der Wählerstimmen. Die herablassende

Art, mit der Schröder gutwilligen PDS-Kadern eine tolerante politische Heimat anbot, zahlte sich nicht aus (v. Beyme 2003: 55).

Am wahrscheinlichsten war die Hypothese, dass die SPD sich durch die vorgezogenen Neuwahlen in eine Große Koalition retten wollte, eine Strategie die aufging (Egle/Zohlnhöfer 2007: 21f). Im Wahljahr 2002 bestanden im Vergleich zu 1998 mehrere gewichtige Differenzen der Lage:

- Es gab eine latente Unzufriedenheit mit der Performanz der rot-grünen Koalition.
- Die optimistische Stimmung 1998 war die Frucht der Dauerherrschaft Helmut Kohls. Sie war 2002 verflogen.
- Während 1998 noch „deviantes Wahlverhalten" auf eine Politikverdrossenheit zurückgeführt wurde, welche die Schill-Partei oder die NPD zu begünstigen schien, setzte sich unerwartet der *Trend zur Mitte* fort.

Das Wahlergebnis von 2002 lud zu Dolchstoßlegenden ein: ein fast schon sicherer Sieg der Unionsparteien wurde kurz vor den Wahlen verspielt. Die Wahlen von 2002 zeigten, wie sehr Prognosen der Wahlforscher mit Vorsicht zu genießen sind. (v. Beyme 2003: 58, 60). Die Wahlforscher hatten in der Analyse der Wahl von 1998 prognostiziert, „Dass die Wirtschaftsentwicklung keinen so starken Einfluss mehr haben (wird) wie bei den zurückliegenden Bundestagswahlen (Klingemann / Kaase 2001: 53). Die Hypothese für 2002 schien richtig in der Annahme, dass positive Wirtschaftsdaten keine Garantie für den Verbleib einer Koalition an der Macht darstellen. Der amerikanische Slogan: „*You cant' beat the boom*" wurde für ein System geprägt, in denen die Exekutivspitze nur 8 Jahre amtieren darf. Kohl hat es auf 16 Jahre gebracht und der akkumulierte Überdruss hätte sich in jeder Wirtschaftslage geäußert. 2002 trat das Paradoxon ein, dass der Kanzler die Wahlen gewann, obwohl die Wirtschaftslage von 50% der Befragten als schlecht eingestuft worden war (Forschungsgruppe Wahlen 2002: 40). Wahlkämpfe wurden immer stärker durch die Herausstellung von Kompetenz in bestimmten Politikfeldern organisiert. Mit 36:31 Kompetenzzuschreibung zugunsten der Union ergab sich jedoch keine klare Prognose für den Wahlausgang. *Die Personalisierung der Wahlkämpfe* im dritten Jahrtausend hat dem personellen Faktor eine wichtige Entscheidungskraft verliehen. Schröder hat – im Vergleich zu 1998 als er gegen Kohl antrat – seinen Vorsprung vor dem Unionskandidaten von 52% auf 58% ausbauen können. Selbst in den Reihen der Unionsparteien haben 11% Schröder über ihren eigenen Kandidaten gestellt (Forschungsgruppe Wahlen 2002: 35). Die Personalisierung der Wahlkämpfe bewährte sich selbst bei den Grünen, die den Personenkult ablehnten. Die Kampagne: „Zweit-stimme – Joschka-Stimme" hat offenbar zu Rettung der Koalition beigetra-gen. Die Negativ-Entscheidung der PDS, mit einem Viererteam anzutreten, und das Fehlen Gysis als attraktiver Spitzenkandidat haben die Partei vorü-ber gehend ins Abseits gebracht und damit rechnerisch der schwachen Re-gierungskoalition geholfen.

2005 nannte Angela Merkel die neuerliche *Große Koalition* in ihrer Regie-rungserklärung eine *„Koalition der neuen Möglichkeiten"* und sprach von „zweiten Gründerjahren". Die Kanzlerin dankte Bundeskanzler Schröder ausdrücklich, für die Agenda 2010, die er gegen Widerstände durchgesetzt habe (REGIERUNGonline, 30. 11. 2005: 2). 2005 trat ein neuer Fall von Konti-nuität ein, als die neue Kanzlerin Merkel in der Großen Koalition die Konti-nuität zur Vorgängerregierung betonen musste und doch um ein eigenes Profil rang. In der Regierungserklärung der Großen Koalition 2005 hatte Merkel die „Solidarische Altersversorgung", das Gesundheitssystem, die Rahmenbedingungen für das Zusammenleben der Generationen, die Ar-beitsmarktpolitik, die Mittelstandspolitik, die Kulturförderung herausge-stellt. Die Betonung der Kulturpolitik in diesem Ausmaß war neu, wenn sie auch eher marginale Bereiche berührte, wie die Erinnerung an das Unrecht der Vertreibung und der Kampf gegen Extremismus, Rassismus und Anti-semitismus. Die Integrationspolitik, die Bildungspolitik, Forschungs- und Energiepolitik sowie Föderalismusreform und Haushaltsreform wurden ausführlich behandelt. Ein Projekt konnte diese Aufgabenliste nicht genannt werden, zumal die große Koalition sich zur Politik der „vielen kleinen Schrit-te" bekannte (REGIERUNGonline 30. 11. 2005: 7ff, 16). Insgesamt rückte die Wirtschafts- und Sozialpolitik in der Schwarz-Roten Regierungen 2005-2009 nach Manfred Schmidt (2010: 346) an den „linken Rand des mittleren We-ges".

Seit 2009 amtierte unter Angela Merkel eine neue schwarz-gelbe Koalition, die sich vielfach als neues Projekt verstand und gleichwohl nicht sehr erfolg-reich schien als sie 2011 von einer neuen weltweiten Finanzkrise überrollt wurde. Pragmatisches Understatement, das Merkel zunehmend als Führungsschwäche ausgelegt wurde, kennzeichnete ihre Regierungserklärungen. *„Die christlich-liberale Koalition der Mitte"* trat in Merkels Regierungserklärung vom 10. 11. 2009 (REGIERUNGonline: 1) nicht sehr selbstbewusst auf. Schon im Wahlkampf 2009 glänzte die Kanzlerin nicht durch programmatische Reden, sondern hielt nach Ansicht einzelner Journalisten „nahezu leere Reden". Sie hat „nichts verkündet" und „schonte den Gegner, damit sich niemand aufregen konnte und damit es fernen Sympathisanten der SPD nicht zu den Urnen drängte" (Kurbjuweit 2011: 25). Es wurde ihr sogar unterstellt, dass sie auf eine niedrige Wahlbeteiligung hoffte, eine Kalkulation, die aufgehen sollte.

Fünf Aufgaben wurden skizziert. Als erstes war die „Finanz- und Wirtschaftskrise" zu überwinden. Die Kanzlerin räumte ein: „Die Probleme werden erst noch größer, bevor es wieder besser werden kann". Der Einfluss des eigenen Projekts wurde eher klein gesehen. Die Kanzlerin wiederholte dreimal auf einer halben Seite, dass „die Karten weltweit neu gemischt" würden – kein redaktionelles Meisterwerk! Als zaghaften Einstieg in eine neue Politik wurden das Wachstumsbeschleunigungsgesetz und die Ankündigung einer Vereinfachung des Steuersystems gewählt. Die Vereinfachung blieb aus, nachdem der „Professor aus Heidelberg" (Paul Kirchhof) nicht nur von Altkanzler Schröder, sondern auch von Kanzlerin Merkel nicht mehr sehr ernst genommen wurde und als möglicher Regierungsakteur ausfiel. Als dritter Teil des „Projekts" wurde eine Antwort auf die Veränderung des Altersaufbaus unserer Gesellschaft heraus gestellt. Es folgten Umweltpolitik und Sicherheitspolitik. Diese Regierungserklärung war weit kürzer als die meisten der Vorgänger, aber voller vager Andeutungen guten Willens. Prognosen für die neue Koalition wie sie Manfred Schmidt (2010: 348) schon bei Amtsantritt der Regierung Merkel/Westerwelle wagte, haben sich im Ganzen bewahrheitet: Die *„Pfadabhängigkeit des mittleren Weges"* schien keine großen Spielräume für ganz neue Projektierungen zu eröffnen. Auch die Strukturen des *„delegierenden Staates"* schienen für die Zukunft gesichert, weil sie den Präferenzen der Unionsparteien für das Subsidiaritätsprinzip und dem Wirtschaftsliberalismus der FDP zu entsprechen schienen.

Ein Vergleich der Regierungserklärungen mit dem Entscheidungsoutput zeigt keine deutsche Neigung zur *„teleokratischen Programmstaatlichkeit"*, die manchmal angeprangert worden ist. Bis zur ersten Großen Koalition (1966-69) war die Anti-Planungsideologie in der Bundesrepublik – im Vergleich etwa zum Nachbarn Frankreich - sogar auffällig. Eine Antiplanungsideologie verbunden mit starkem Einsatz für den Sozialstaat schien in der neoliberalen Freiburger Schule zu einer „Buchreligion" zu gerinnen, mit ihren Propheten (Röpke, Rüstow) und ihren Predigern (Erhard, Müller-Armack). Aber diese Art von Liberalismus war keineswegs „projektfeindlich". Auch kurzlebige Regierungen wie die Regierung Erhards hatten das Bedürfnis, über ihre voraussichtliche Dauer hinaus programmatische Akzente zu setzen (v. Beyme 1979: 16). Erhard hat dies 1963 in einer Kombination von pathetischem Ernst und Ironie gegenüber seinen Widersachern so formuliert: „meine Regierungserklärung hat es deutlich gemacht, dass ich nicht nur in der Zeitkategorie von zwei Jahren denke, sondern weiter vorausblicke. Das ist doch einer Ihrer Wünsche, dass ich planen solle (Heiterkeit und Beifall bei der CDU)" (Sten. Ber. 24. 10. 1963: 4285 B).

Die Projekt-Debatte darf nicht den Blick für die Realität einer *Diskrepanz von Ankündigung und Gesetzgebung* trüben: zu konkreten Ankündigungen unter Nennung eines bestimmten Gesetzes kam es in Regierungserklärungen meist erst, wenn schon Vorarbeiten geleistet worden waren. Vielfach wurde ein versprochenes Gesetz erst in der nächsten oder gar in der übernächsten Legislaturperiode verabschiedet. In einer quantitativen Studie über *key decisions* wurden in 12 Legislaturperioden 7486 Gesetzentwürfe für 150 Schlüsselentscheidungen angekündigt. Verabschiedet wurden etwa Zweidrittel (4896). Nach Machtwechseln erhöhte sich die Zahl der verabschiedeten Gesetzentwürfe wie im 9. Bundestag 1980-83 oder im 12. Bundestag 1990-94. Aus solchen Vergleichen über Zeit kann man kaum auf die Realisierung der Projekte eines Kanzlers schließen. Gelegentlich haben äußere Umstände erhöhten Handlungsbedarf und *Adhoc-Projekte* geschaffen, wie die durch den Krieg ruinierte deutsche Wirtschaft und das gravierende Vertriebenenproblem in den ersten zwei Bundestagen der Ära Adenauer (1949-1957) oder die deutsche Einheit in der Ära Kohl (1990-94) (vgl. v. Beyme 1997: 69). Was „Gesetzesflut" genannt wurde, schlug sich in der Tat in wachsenden Zahlen von durchgeführten Projekten nieder:

▪ Die *Erwartungen der Bürger* und ein Populismus im Regierungsstil einiger Kanzler, der die Erwartungen steigerte, haben dazu beigetragen.
▪ Die Lehre vom *Parlamentsvorbehalt* und die steigenden Anforderungen an eine zeitgemäße Gesetzgebung wirkten in die gleiche Richtung.

- Die *Zahl der Politikfelder* hat sich vervielfacht. 1949 gab es keine Umwelt-politik!
- Die *Juridifizierung politischer Materien* durch steigende Zahlen rechtlicher Anfechtungen staatlicher Entscheidungen hatten Rückwirkung auf die Gesetzgebung. Auch die „Nachbesserungspflicht" welche das Bundes-verfassungsgericht gelegentlich dem Gesetzgeber auferlegt, ließ die Zahl der Gesetze steigen.
- Die *Europäisierung der Normsetzung* hat ebenfalls die staatlichen Maß-nahmen vermehrt.

Die Opposition hat die Aufgabe, die Regierungserklärung von Regierungs-chefs erbarmungslos zu zerpflücken. Nur selten wagte ein Kanzler frohe Zuversicht auszustrahlen, dass sein Programm erfolgreich war. Brandt hat seine zweite Regierungserklärung mit der Behauptung eingeleitet, dass sein Programm trotz der verkürzten Legislaturperiode bis 1972 im Wesentlichen erfüllt worden sei (Quelle: v. Beyme 1979: 283). Das war nicht richtiger als bei Regierungserklärungen Adenauers ab der zweiten Legislaturperiode. Von allen konkret angekündigten Vorhaben sind in der Legislaturperiode 1969-1972 rund ein Drittel nicht zum Abschluss gebracht worden. Aber kleinliches Auszählen lohnt nicht. Die Performanz der ersten Regierung Brandt war gleichwohl beträchtlich – schon allein durch die spektakulär neue Ost- und Außenpolitik.

Der quantitative Output von Regierungsentscheidungen wird auf zwei Ebenen der Absichtserklärungen und Ankündigungen verglichen:

- die *Bedeutung von Wahlprogrammen* ist oft angezweifelt worden. Ameri-kanische Untersuchungen haben diesen Zweifeln widersprochen (König u. a. 1999: 643, Anm. 12). In Deutschland haben Wahlprogramme meist längerfristige Bedeutung erlangt als die amerikanischen „manifestos", die stärker ad hoc-Charakter besitzen.
- Die *Bedeutung von Regierungserklärungen* ist weniger umstritten. Die Regierungserklärungen sind wichtiger als die Wahlprogramme der Par-teien, weil in einem Land in dem alle Regierungen Koalitionsregierun-gen darstellen, die Einigung der Koalitionsparteien Abstriche von ihren jeweiligen Programmen und Wahlkampfversprechungen erfordern.

Die quantitative Analyse des Einflusses von Regierungserklärungen auf das Politikresultat hat bei den 18 großen Regierungserklärungen des 20. Jahrhunderts von 1949 bis 1998 ergeben, dass die programmatischen Positionen von Regierungen ein Produkt verschiedener, primär regierungsinterner Faktoren sind:

- Regierungs- und Mehrheitsparteiprogramm weisen viele Übereinstimmungen auf.
- Die Wähler können davon ausgehen, dass grundlegende innen- und außenpolitische Positionen der Mehrheitsparteien in Regierungsprogramme umgesetzt werden. Parteipolitische Positionen setzen sich fast ausschließlich über regierungsinterne Kanäle durch.
- Es gibt Unterschiede in einzelnen Politikfeldern. In der Umweltpolitik spielen die Koalitionäre, die Ministerparteien und die Bundesratsmehrheit eine große Rolle (König u. a. 1999: 658f).

Die Wahlforscher sind zunehmend skeptisch gegenüber der Betonung eines Faktors für die Wahlentscheidung der Mehrheit geworden, „weil die Einflussfaktorenbündel, Parteibindung, Parteiorientierung, Lösungskompetenzzuschreibung an Parteien / Regierungen und die Kandidatenorientierungen sich gegenseitig stark beeinflussen und auch ihre Komposition bei jeder Wahl neu ist" (Klingemann / Kaase 2001: 51). Die *wachsende Rolle der Massenmedien* haben Wahlprognosen zusätzlich erschwert. Noch sind Kontroversen von Wahlforschern nicht beendet, ob das *Richtungsmodell* Grundlage der Wahlentscheidung ist, oder ob ein *Näherungsmodell* gilt, nachdem die ideologischen Präferenzen der Wähler auf einem Kontinuum angesiedelt sind, das die Wähler rational überschauen und in ihre Wahlentscheidung einbauen (van Deth u. a. 2000: 297f, 327).

Projekte als Ankündigungen in Regierungserklärungen hängen immer weniger von den persönlichen Ansichten des Regierungschefs ab. Moderne Wahlkämpfe sind hochprofessionell geworden. Fernsehen und Radio blieben die wichtigsten Medien in Wahlkampfzeiten. Aber das *Internet* holte auf. Eine empirische Studie fand heraus, dass bereits 37% der Bürger Informationen aus dem Internet beziehen (Knuth 2010: 361f). Damit werden die online gewählten Themen von den Parteien steuerbar. Daher verstärkt sich ein Trend, dass Einheitsbotschaften und Projekte immer schwerer zu vermitteln sind. Es kommt zum „Targeting", zur Ansprache einzelner Zielgruppen, und dies schlägt sich auch in einer gewissen Fragmentierung der Regierungserklärung der Wahlsieger nieder, da für jede Gruppe etwas untergebracht werden muss. Projekte aus einem Guss werden somit noch zusätzlich erschwert.

Es herrscht Einigkeit in der Forschung (Kropp/Sturm 1998: 149), dass die Parteien aus unterschiedlichen Gewinnkalkülen und Nutzenabwägungen ihre Koalitionen schließen. Die Frage, ob eine Partei überwiegend nach sachlich-inhaltlichen Einflussmöglichkeiten strebt oder eher nach einer großen Anzahl von Ressorts – wobei institutionelle Macht die Voraussetzung für eine inhaltliche Politikgestaltung darstellt - lässt sich kaum verallgemeinern und kann nur für einzelne Koalitionen festgestellt werden. Die Verallgemeinerung kann auch nicht alle Ressorts und Politikbereiche umfassen. In Verwaltung- und Finanzpolitik erwies sich das Verhalten der Parteien stabil, in Frauen und Familienpolitik – und inzwischen kann die Umweltpolitik allgemein in diese Gruppe gerechnet werden – zeigen rot-grüne Koalitionen die größten Abweichungen vom Durchschnitt.

Kaum je hat ein Bundeskanzler wie Angela Merkel erleben müssen, dass selbst aktivere Ankündigungen von den Weltereignissen so rasch überholt wurden und Projekte zu Makulatur werden ließen. Mehrere Ereignisse 2010/2011 führten zu einem Schlingerkurs, der wenig Ansehen für die Koalitionsparteien an der Macht erbrachte:

- Die Wende in der Atomkraftpolitik, nachdem im Herbst 2010 die Laufzeiten der Atomkraftwerke noch vollmundig verlängert wurden.
- Die Krise im Nahen Osten führte zu Ankündigungen einer Lieferung von Panzern des Typs „Leopard". Das Echo von Medien und Bürgern war besorgt, weil niemand garantieren kann, in welche Hände diese hochkomplexen Waffen geraten. Das deutsche Engagement im Irak war in der Bevölkerung zunehmend unpopulär, aber auch das halbherzige Nicht-Engagement in Libyen überzeugte die Mehrheit der Wähler nicht.
- Die Krise des Euro hätte auch andere Spitzenpolitiker als die Regierung Merkel/Westerwelle aus dem Gleichgewicht gebracht. Die Kanzlerin verlor ihre Reputation als geschickte Vermittlerin, da sie hinsichtlich der Rettungsmaßnahmen für südeuropäische Länder hin und her schwankte, und vor allem im Ausland mit ihrer Minimalstrategie zur Schonung

deutscher Finanzen keine Anerkennung erwarb. Die „Methode Merkel" kam ins Gerede. Den einen war sie nicht europäisch genug, den anderen nicht konsequent genug in der Durchsetzung deutscher Positionen. Dabei wurde verkannt, dass das deutsche Zögern auch positive Folgen hatte, weil die Schuldnerländer Finanzdisziplin und größere Anstrengungen zur Selbsthilfe in der Wirtschaftskrise lernen mussten (Frankenberger 2011:1).

Angesichts dieser drei Krisen, die niemand prognostizieren konnte, wäre ein Projekt der Regierung Merkel zerfallen, wenn es denn eines gegeben hätte. Aber es gab keines, und so werden die Fehlentscheidungen nur in den einzelnen Krisenbereichen gebrandmarkt und die halbherzigen Entscheidungen können sinnvoll sein, gerade weil sie kein „Projekt" desavouieren. Konflikte mit dem Koalitionspartner FDP wurden im Sommer 2011 sogar zugespitzt, etwa als die Bundeskanzlerin in der Frage der Eurobonds auf FDP-Linie einschwenkte und ihr eigentlich nur die Rolle zufiel, Sarkozy von der deutschen Position zu überzeugen. Dank der deutschen historischen Erfahrungen entwickelte sich eine „Kultur der Kontinuität" (Korte 2002: 20). Die Möglichkeiten zum Regierungswechsel mit neuen Koalitionen sind sehr begrenzt. Angela Merkel schien prädestiniert an der Spitze einer Großen Koalition der Unionsparteien und der SPD. Im Jahre 2011 gewann man gelegentlich den Eindruck, die Kanzlerin scheute den Bruch mit den Liberalen nicht und würde am liebsten zu einer Großen Koalition zurück kehren, da in Zeiten der Krise die programmatische Schnittmenge mit der SPD und die „Projektfähigkeit des Regierens" größer schien. Die Projektionen für die Bundestagswahl 2013 sind so unsicher, wie sie selten kurz vor einer Neuwahl gewesen sind. Sicher ist lediglich, dass der normative Impetus von Koalitionsplanungen und Regierungserklärungen nicht ausreicht.

Fast alle hier behandelten *Teilreformen können als Beiträge auf dem Weg zur Neodemokratie gewertet werden*. Aber die Erwartungen dürfen nicht zu hoch geschraubt werden. Vergleichende empirische Studien über Reformprozesse kamen zu dem einschränkenden Schluss, dass zwischen einfachen institutionellen Reformen und der Lösung fundamentaler politischer Fragen kaum ein Zusammenhang besteht (vgl. Kap. 1). Eine umfassende Demokratiereform in einer Neodemokratie wird sich auf die normativen Grundlagen der politischen Theorie besinnen müssen (Kap. 5).

Literatur

Abromeit, Heidrun: Der Führungsanspruch der Wirtschaft gegenüber der Politik. Aus Politik und Zeitgeschichte, 1981, B: 1119-1139.

v. Arnim, Hans-Herbert: Das System. Die Machenschaften der Macht. München, Droemer. 2001.

v. Arnim, Hans-Herbert: Die neue Parteienfinanzierung. Deutsches Verwaltungsblatt, Jg. 117, H. 16, 2002: 1065-1144.

v. Arnim, Hans-Herbert: Die Selbstversorger. Die Parteien umgehen die Regeln der Parteifinanzierung, in dem sie ihren Stiftungen, Fraktionen und Stäben Geld zuschanzen. Der Tagesspiegel, 1. 7. 2012: 7.

Arzheimer, Kai: Politikverdrossenheit. Bedeutung, Verwendung und empirische Relevant eines Politikwissenschaftlichen Begriffs. Opladen, Westdeutscher Verlag, 2002.

Benz, Arthur / Seibel, Wolfgang (Hrsg.): Zwischen Kooperation und Korruption. Baden-Baden, Nomos.1992.

v. Beyme, Klaus (Hrsg.): Die großen Regierungserklärungen der deutschen Bundeskanzler von Adenauer bis Schmidt. München, Hanser, 1979.

v. Beyme, Klaus: Zusammenlegung von Wahlterminen: Entlastung der Wähler, Entlastung der Politiker? ZParl 1992: 339-353,

v. Beyme, Klaus : Der Gesetzgeber. Der Bundestag als Entscheidungszentrum. Opladen, Westdeutscher Verlag, 1997.

v.Beyme, Klaus: Das Bundesverfassungsgericht aus der Sicht der Politik- und Sozialwissenschaften. In: Badura, Peter / Dreier, Horst (Hrsg.): Festschrift 50 Jahre Bundesverfassungsgericht. Tübingen, Mohr, 2001, Bd. 1: 493-505.

v. Beyme, Klaus: Koalitionsbildung und Programmsteuerung. In: Derlien, Hans-Ulrich / Murswieck, Axel (Hrsg.): Regieren nach Wahlen. Opladen, Leske & Budrich, 2001: 85- 112.

v. Beyme, Klaus: The German Constitutional Court in an Uneasy Triangle between President, Parliament and Regions. In: Wojciech Sadurski (Hrsg.) : Constitutional Justice. East and West. Den Haag, Kluwer, 2002: 229-246.

v. Beyme, Klaus: Die Entwicklung des Parteienwettbewerbs. In: Egle, Christoph u. a. (Hrsg.): Das Rot-Grüne Projekt. Wiesbaden, Westdeutscher Verlag, 2003: 53-66.

Brandt, Willy: Erinnerungen. Berlin, Propyläen, 1989, 1993, 4. Aufl.

Caciagli, Mario / Uleri, Pier Vincenzo (Hrsg): Democrazie e referendum. Bari, Laterza. 1994.

Corruption perceptions index 2011. Transparency International.

van Deth, Jan u. a. (Hrsg.): Die Republik auf dem Weg zur Normalität? Wahlverhalten und politische Einstellungen nach acht Jahren Einheit. Opladen, Leske & Budrich, 2000.

Dittberner, Jürgen: Die Parteitage der CDU und SPD. Ideal und Realität. In: Flechtheim, Ossip K. (Hrsg.): Die Parteien der Bundesrepublik Deutschland. Hamburg, Hoffmann & Campe, 1973: 441-458.

Egle, Christoph / Ostheim, Tobias / Zohlnhöfer, Reimut (Hrsg.): Das rot-grüne Projekt. Eine Bilanz der Regierung Schröder 1998-2002. Wiesbaden, VS Verlag für Sozialwissenschaften. 2003.

Egle, Christoph / Zohlnhöfer, Reimut (Hrsg.): Ende des rot-grünen Projektes. Eine Bilanz der Regierung Schröder 2002-2005. Wiesbaden, VS Verlag für Sozialwissenschaften, 2007.

Elster, Jon / Slagstad, Rune (Hrsg.): Constitutionalism and Democracy. Cambridge, Cambridge University Press, 1988.

Frankenberger, Klaus-Dieter: Methode Merkel. FAZ. 23. 7. 2011: 1.

Fröhlich, Manuel: Politische Programmatik mit wenig Pathos. Regierungserklärungen mit Geschichte. Das Parlament, Nr. 48, 20. 11. 1998: 13.

Geyer, Matthias u. a.: Operation Rot-Grün. Geschichte eines politischen Abenteuers. München, DVA, 2005.

Grube, Frank u. a. : Politische Planung in Parteien und Parlamentsfraktionen. Göttingen, Schwartz, 1976.

Hennis, Wilhelm: Organisierter Sozialismus. Zum 'strategischen" Staats- und Politikverständnis der Sozialdemokratie. Stuttgart, Klett, 1977.

Hofferbert, Richard I. / Klingemann, Hans-Dieter: The Policy Impact of Party Programs and Government Declarations in the Federal Republic of Germany. Journal of Political Research, 1990: 270-304.

Huntington, Samuel P.: The Promise of Disharmony. Cambridge/Mass., Belknap. 1981.

Jesperson, (1991): Institutions, Institutional Effects and Institutionalism. In: Powell, Walter W. / DiMaggio, Paul J. (Hrsg): The New Institutionalism and Organizational Analysis. Chicago, Chicago University Press 1991: 143-163.

Jesse, Eckhard: Die Volksparteien nach der Bundestagswahl 2009 – gravierende Symptome einer Krise. Politische Studien, 2009, 428: 35-46.

Jung, Otmar: Direkte Demokratie. Forschungsstand und Aufgaben. Zeitschrift für Parlamentsfragen, 1990: 491-504.

Kaltefleiter, Werner / Nassmacher, Karl Heinz: Das Parteiengesetz 1994. Reform der kleinen Schritte. Zeitschrift für Parlamentsfragen, 1994, Heft 2: 253-262.

Kielmansegg, Peter Graf: Wenn das Gemeinwohl aus dem Blick gerät. Frankfurter Allgemeine Zeitung, 8. 2. 2000,: 3

Klingemann, Hans-Dieter / Kaase, Max (Hrsg.): Wahlen und Wähler. Analysen aus Anlass der Bundestagswahl 1998. Wiesbaden, Westdeutscher Verlag, 2001.

Knuth, Natalie: Online-Campaigning, dargestellt an den Wahlen zum deutschen Bundestag 1998-2009 im Vergleich zum US-amerikanischen Oneline-Campaigning im Rahmen der Präsidentschaftswahlen 2000-2008. Diss. Heidelberg, 2010.

Köcher, Renate: Das Bollwerk. Deutsche Fragen – deutsche Antworten. FAZ, 22. 8. 2012: 10.

König, Thomas u. a.: Regierungserklärungen von 1949 bis 1998. Zeitschrift für Parlamentsfragen, 1998, H. 3: 642-659.

Korte, Karl-Rudolf (Hrsg.): „Das Wort hat der Herr Bundeskanzler". Eine Analyse der Großen Regierungserklärungen von Adenauer bis Schröder. Wiesbaden, Westdeutscher Verlag, 2002.

Kurbjuweit, Dirk: Ein unterzuckertes Land. Die politische Kommunikation Angela Merkels ist ein Desaster. Der Spiegel, Nr. 29, 2011: 24-25.

Lambsdorff, Johann Graf: Wie lässt sich Korruption messen? Jahrbuch für Europa- und Nordamerikastudien, 1999, 3: 45-92.

Landfried, Christine: Parteifinanzen und politische Macht. Baden-Baden-Nomos.1990. 2. Aufl. 1994.

Landfried, Christine: Jedem das Seine. Das Zusammenwirken von Verfassungsgericht und Politik, FAZ, 26. 7. 2012: 8.

Lösche, Peter: Wovon leben die Parteien. Frankfurt, S. Fischer, 1984.

Loewenberg, Gerhard: Parlamentarismus im politischen System der Bundesrepublik Deutschland. Tübingen, Wunderlich, 1969.

Luhmann, Niklas: Politische Planung. Opladen, Westdeutscher Verlag, 1971.

Münkler, Herfried u.a.: Korruption und Gemeinwohl. Neue Rundschau, 2001, Heft 2: 90-100.

Narr, Wolf-Dieter: Warum sich eigentlich mit der SPD beschäftigen? Zum Politikum des Pseudopolitikums des zweiten Orientierungsrahmens. Leviathan, 1975, Nr. 2: 207-212.

Patzelt, Werner: Ein latenter Verfassungskonflikt? Die Deutschen und ihr parlamentarisches Regierungssystem. Politische Vierteljahresschrift, 1999: 725-757.

Patzelt, Werner: Verdrossen sind nur die Ahnungslosen. Die Zeit, 22. 2. 2001: 9.

Patzelt, Werner: Brauchen wir die SPD? In: Cicero 6, 2010: 48-51.

Rudzio, Wolfgang: Das neue Parteienfinanzierungsmodell und seine Auswirkungen. Zeitschrift für Parlamentsfragen, 1994: 390-401.

Sartori, Giovanni: Comparative Constitutional Engineering. Houndsmill, Macmillan. 1994.

Scharping, Rudolf / Wollner, Friedhelm (Hrsg.) Demokratischer Sozialismus und Langzeitprogramm. Reinbek, Rowohlt, 1973.

Scheuch, Erwin und Ute : Die Spendenkrise. Parteien außer Kontrolle. Reinbek, Rowohlt, 2000.

Schmidt, Manfred G.: Demokratietheorien. Wiesbaden, Verlag für Sozialwissenschaften, VS, 2010, 5. Aufl.

Schmidt, Manfred: Immer noch auf dem „mittleren Weg"? Von der Linksverschiebung in der Staatstätigkeit der zweiten Großen Koalition. In: Jesse, Eckard / Sturm, Roland (Koord.). Bilanz der Bundestagswahl 2009. München, Bayerische Landeszentrale für politische Bildungsarbeit. 2010.

Siri, Jasmin: Parteien. Zur Soziologie einer politischen Form. Wiesbaden, Springer VS, 2012.

Sturm, Roland / Kropp, Sabine: Koalitionen und Koalitionsvereinbarungen. Opladen, Leske & Budrich, 1998.

Sturm, Roland / Pehle, Heinrich: Das neue deutsche Regierungssystem. Wiesbaden, VS Verlag für Sozialwissenschaften, 2005, 2. Aufl.

Vosskuhle, Andreas: Über die Demokratie in Europa. FAZ., 9. 2. 2912: 7.

Walter, Franz: Abschied von der Toskana. Die SPD in der Ära Schröder. Wiesbaden, VS Verlag für Sozialwissenschaften, 2005, 2. Aufl.

5 Normative Modelle der Demokratieentwicklung: Von der Postdemokratie zur Neodemokratie?

5.1 Gerechtigkeitsvorstellungen für einen demokratischen Neuanfang

Die gedrückte Niedergangsstimmung, die mit dem Begriff der Postdemokratie verbunden scheint, wird nur durch Rückbesinnung auf die normativen Grundlagen der politischen Theorie in eine neodemokratischen Aufbruchsstimmung transformiert werden können. Demokratie ist nicht nur mit dem Rechtsstaat eng verbunden. Normativen Theorien der Demokratie liegen meist auch Konzeptionen einer Gerechtigkeit zugrunde, die über die neoliberale Vision eines Marktes individueller Glückssucher hinausgeht. Gerechtigkeit ist als Fundament einer künftigen Konzeption der Neodemokratie unerlässlich. Vielfach wird in den Sozialwissenschaften auf die klassischen Theorien der Gerechtigkeit zurückgegriffen. Wie aber nähert man sich ihnen adäquat?

Man kann mit Quentin Skinner (1969) von der Annahme ausgehen, dass

- weder ein rein *textualistischer Ansatz*, der die historischen Texte isoliert,
- noch ein *kontextualistischer Ansatz*, der die Texte der Ideengeschichte kausal aus ihrem ökonomischen, sozialen und politischen Zusammenhang erklärt, sinnvoll ist. Der Kontextualismus konnte sich zur konstruktivistischen Obsession steigern. Sprachliche Analogien wurden dabei zum Abbild realer sozialer Prozesse aufgebauscht und nichtsprachliche Kontexte nicht selten vernachlässigt (Rosa 1994).
- Sinnvoll ist die *Rekonstruktion des intellektuellen Kontextes*, die den Standort des Autors bestimmt. Dies ist umso wichtiger als politische Akteure meist mit Äußerungen interpretiert werden, die keine stringente Theorie übernommen haben, sondern eher Ad hoc-Zitate in politische Ansichten umsetzen.

Deutschland war – im Gegensatz zum 19. Jahrhundert als deutsche Gerechtigkeitstheorien vor allem dem Utilitarismus entgegenstanden, der dazu
neigte die Gerechtigkeit als „gestelzten Unsinn" (Bentham: *nonsense on stilts*)
abzutun – zunächst nicht führend in der Gerechtigkeitstheorie. Rawls, der
die Debatte neu eröffnete, knüpfte immerhin an den Kantianismus an. Erst in
einer Spätphase kam es zu wichtigen deutschen Beiträgen von Jürgen Habermas, Ulrich Beck, Wolfgang Kersting, Otfried Höffe oder Rainer Forst.

Im Westen konkurrieren Gerechtigkeitsvorstellungen nach philosophi-
schen Moden. Diese aber sind durchaus einflussreich im Bereich der Partei-
ideologien – vor allem in Deutschland, wo Parteiprogramme oft nach philo-
sophischem Höhenflug trachten (vgl. Kap. 4d). Die SPD erwies sich in diesem Punkt als am anfälligsten. Sie legte die Grundwerte: Freiheit, Gerechtigkeit und Solidarität zugrunde. Im Zeitalter der Wiederbelebung von Vertragstheorien seit Rawls wurde der klassische Ausdruck *Gemeinwohl* wieder
verdrängt, der vielfach als Leerformel angesehen worden ist. Gemeinwohl
hatte lange den Beigeschmack, von der katholischen Soziallehre her zu
kommen und einem rechten Flügel der CDU anzugehören. Als „*öffentliches
Interesse*" spielt das Gemeinwohl aber in der Staatsrechtslehre noch eine Rolle. Es wurde aber vielfach ökonomisch und verwaltungstechnisch verengt.
Gerechtigkeit ist breiter und tiefer angelegt. Seit Kant entstand jedoch ein
Problem:

- *Gerechtigkeit* verträgt keinerlei kontextabhängige Relativierung. Der
  Rechtsstaat hat ohnehin das Problem, dass der nationale Rahmen die
  universalen Prinzipien behindert. Ein deutscher Verbrecher genießt in
  mancher Hinsicht mehr Schutz als ein ausländischer Ehrenmann, der
  abgeschoben werden kann.
- *Solidarität* hingegen kann und muss als mitmenschliche Kategorie immer
  den sozialen Kontext berücksichtigen. Dabei ging es vor allem um die
  Betonung der Verteilungsgerechtigkeit:
- Eine *Anti-Verteilungstheorie* überwog bei Hayek und den Neo-Liberalen.
- Für eine *bessere Verteilung* kämpften Rawls und Sen, und stärker noch
  auf emotionale Solidarität bauten Walzer und die Kommunitaristen.

Die Neo-Liberalen argumentierten, dass Gerechtigkeit *prozessual* verstanden
werden müsse und kein Resultat politischer „*outcomes*" sein dürfe. *Prozess*

versus Politikergebnis wurde zu einer Hauptachse der Konfrontation von Gerechtigkeitstheorien. Lapidar wurde von einem konstruktivistischen Ansatz her definiert, dass Gerechtigkeit vom Gegensatz der Willkür (einzelner, ganzer Gruppen und Klassen oder vom Staat) her definiert werden muss (Forst 2007: 9). Intersubjektive Verhältnisse sind wichtiger als vermeintlich objektive Zustände der Versorgung von Menschen mit Gütern.

(1) Bei *Friedrich August von Hayek* waren wohlfahrtsstaatliche Eingriffe in den Markt verpönt. Der Terminus *„soziale Gerechtigkeit"* wurde abgelehnt. Der Markt schafft sich seine eigene Ordnung und evolutionäre Moral, welche die Fähigkeiten der Vernunft übersteigen (v. Hayek:1996: 6). Der Markt ist nicht durch rationalistisches Design entstanden, und kann daher auch nicht „gelenkt" werden (v. Hayek, 1971: 48). Gesellschaft braucht

- Rechtsgleichheit und
- maximale Vertragsfreiheit auf dem Markt.

(2) *John Rawls*, (1975) als Pro-Verteilungstheoretiker war jedoch der Ansicht, der Markt tauge nicht für die Herstellung von Gerechtigkeit. Ungerechte Zugangsbedingungen machen ihn ethisch blind. Eine Grundversorgung mit Gütern ist erforderlich zum Ausgleich der Ungerechtigkeit. Institutionen müssen Grundgüter gerecht verteilen: Gleichheit bei den Rechten ist erforderlich. Ungerechtigkeit ist nur soweit zulässig, wie die weniger Begünstigten Vorteile davon haben. Lebenschancen sollen von Zufälligkeiten sozialer Herkunft befreit werden.

Rawls (1992: 379) betonte, dass der politische Liberalismus gelegentlich sowohl als verfahrensneutral als auch als zielneutral angesehen wird. Er selbst zog eine Differenzierung vor: *Verfahrensneutralität* wird durch Gerechtigkeit als Fairness gefördert, nicht aber eine bestimmte *Zieltheorie*. Ganz gleich welcher Konzeption man folgt, müsse der politische Liberalismus bestimmte Formen des moralischen Charakters als überlegen anerkennen und bestimmte moralische Tugenden fördern. So enthält Gerechtigkeit als Fairness eine Darstellung bestimmter politischer Tugenden, und zwar der Tugenden fairer sozialer Kooperation wie Höflichkeit und Toleranz, Vernünftigkeit und Sinn für Fairness. Letzteres klang freilich tautologisch.

Die normative Theorie der Politik hat seit Rawls eine Renaissance erfahren. Der *Neo-Kontraktualismus* als „Grammatik des wechselseitigen Anerkennungsmodus der Bürger", ist zivilgesellschaftlich geworden und verzichtet zunehmend auf ethnische oder staatliche souveränitätstheoretische Stützungslehren. Der postmoderne *Konstruktivismus* erlaubt es, die Vertragstheorie als gedankenexperimentelles Testverfahren einzusetzen, ohne historische Realitätsannahmen oder metaphysische Rechtfertigungslehren zu bemühen. In Konzeptionen der deliberativen und reflexiven Demokratie wird von einem individualistischen Ausgangspunkt die wechselseitige Anerkennung von Rechten und Pflichten der Bürger konstituiert. Die gegenseitige Verpflichtungsleistung ist dabei nicht nur prozedural-konventionalistisch abgesteckt. Seit Rawls sind minimale Vorstellungen einer materialen Gerechtigkeit mit dem Vertragsgedanken verbunden. Empirie und „normativ-prozedurales Ideal" (Kersting 1996: 354) nähern sich an, wenn die normativen Annahmen mit den Regeln einer Rational-Choice-Theorie oder gar der Spieltheorie zunehmend verbunden werden. Gleichwohl gab es scharfe Kritik an der These über den „Schleier des Nichtwissens im Urzustand", die nach Meinung von Sen (2010: 155, 439) die Menschen blind für ihre vorgängig erworbenen Anrechte und Ziele werden lässt. Immerhin gab Sen zu, dass dieses fiktive Nichtwissen zu einer kritischen Überprüfung lokaler und engstirniger Werte stattfinden könne. Unparteilichkeit muss offen und nicht lokal begrenzt sein. Gerechtigkeit als Fairness ist der Gefahr ausgesetzt, sich auf gerechte Institutionen zu beschränken.

Kommunitarier und Neoliberale bekämpften sich in den 80er Jahren. Aber sie waren einig in der Ablehnung eines bloß empiristischen und antinormativen Bildes der Gesellschaft und ihrer Legitimation. Beide aber entwickelten divergente Begriffe von Zivilgesellschaft.

• Der *Neoliberalismus* war dabei anti- oder wenigstens minimalstaatlich gesonnen und legte den Akzent auf die bürgerliche Marktwirtschaft. Nur selten gingen Neoliberale aber soweit wie die osteuropäischen Ziviltheoretiker, die den Staat schlechthin mit der pervertierten bürokratischen Herrschaft des Systems identifizierten. Da sie den Staat weder erobern noch moralisch verändern konnten, ließen sie ihn links liegen und verabschiedeten sich in einem Konzept der *„Antipolitik",* welche die beglaubigte Genesis des angelsächsischen Konzepts von *Zivilgesellschaft* verließ.

- Der *Kommunitarismus* hat die politische und kulturelle Dimension der Zivilgesellschaft stärker betont und den Staat als Katalysator von Bürgertugenden weniger abgelehnt. Kein Wunder, dass der Kommunitarismus als Synthese liberaler und normativ-sozialer Ideen große Anziehungskraft für die neuen Demokratien des Ostens entwickelte.

Michael Walzer (1992) war weniger holistisch gestimmt. Er postulierte: es gibt keine übergreifende Verteilungslogik. Jede Güter- und Lebenssphäre hat ihre eigene Verteilungsregel. Keine darf in andere Bereiche hineinregieren. Gesundheit und Bildung sind nicht vom Geld abhängig zu machen. Die Idee der Gemeinschaft steht dem Konzept der Solidarität näher als der kantianische Universalismus von Rawls.

(3) Für einen neodemokratischen Aufbruch sind aktivitätsfördernde Theorien ergiebiger als abstrakte Gerechtigkeitstheorien. *Amartya Sen* (2000: 30) setzte in seiner Theorie der Gerechtigkeit auf die Aktivierung der Menschen, um Lebensoptionen zu erweitern. Wichtig für Entwicklungsgesellschaften schien ihm die Erkenntnis, dass Freiheiten mit ökonomischen Chancen und sozialer Sicherheit verflochten sind. Er unterschied:

- *instrumentelle Freiheiten* für die Selbstverwirklichung, die für alle Gesellschaften gelten und
- *konstitutive Freiheiten* (Freiheit von Krankheit, Unterernährung, Hunger) für Gesellschaften der Dritten Welt.

Indikatoren für die soziale Gerechtigkeit ließen die Gerechtigkeitsdebatte für konkrete Sozialpolitik nutzbar machen. Zu ihnen gehören:

- Vermeidung von Armut– wie Untergewicht bei Kindern, Unterernährung, Kindersterblichkeit, Lebenserwartung.
- Soziale Chancen durch Bildung (Ausgaben in Bezug auf das GDP, Studenten pro 100 000, UN-education Index).
- Soziale Chancen auf dem integrativen Markt – Gini-Index, Erwerbsquote, Inaktive pro 100 Aktive.

- Gender equality – Frauenerwerbsquote, Alphabetisierung, höhere Bildung.
- Soziale Sicherung – Gesundheitsausgaben GDP, Sozialausgaben.

Je höher die Demokratie entwickelt ist, umso gerechter ist die Chancen- und Ergebnisstruktur einer Gesellschaft lautet die positive Nachricht einer quantifizierenden Demokratieforschung (Sen 2000: 97; Krück/Merkel 2004: 95). Sen (2010: 9f) hat seine Theorie der Gerechtigkeit unlängst ausgebaut:

(a) Eine Theorie der Gerechtigkeit, die als Basis für den Gebrauch der praktischen Vernunft – auf konkrete Entscheidungen gerichtet - dienen kann, müsste zeigen können, wie tatsächliche Versuche zur Verminderung von Ungerechtigkeit und Beförderung der Gerechtigkeit einzuschätzen sind. Theorien idealer Gerechtigkeit sind nicht sinnlos, aber sie sollten analytisch von empirischen Ansätzen entkoppelt werden.
(b) Es können mehrere Gründe der Gerechtigkeit im Wertepluralismus nebeneinander bestehen.
(c) Ungerechtigkeiten können mit Übertretungen von Verhaltensregeln zusammen hängen. Die klassischen Gerechtigkeitstheorien konzentrieren sich nach Sen zu sehr auf die Einrichtung „gerechter Institutionen" und vernachlässigen die Verhaltensmuster.

Sen's komparative Perspektive, die vom Christentum bis zum Buddhismus viele Grundlagen verwertet, überwindet die europa-zentrische Perspektive des Gesellschaftsvertrages (2010: 12). Praktische Sachverhalte werden den Traditionen der Dritten Welt gerechter und können von der Folter bis zur sozialen Sicherung wichtiger werden als die abstrakte Theorie vollkommener Gerechtigkeit. Sen (2010: 17) sieht einen Dualismus von Vertragstheorien und komparativen Theorien. Beide sind jedoch verbunden durch ein Vertrauen auf vernünftiges Denken.

Ein neues A-priori-Prinzip setzte sich in der empirischen Gerechtigkeitsforschung durch und konzentrierte sich auf die Zugangschancen. Passive sozialstaatliche Korrekturmaßnahmen ex post facto gelten demgegenüber als zweitrangig. Ein Testfall für diese Annahmen könnten die neuen Demokratien nach dem Zusammenbruch des Kommunismus sein.

- Trotz des Dilemmas der Gleichzeitigkeit ist in den neuen Demokratien Osteuropas die Performanz von Demokratie und sozialer Marktwirtschaft relativ gut – vor allem aufgrund hoher Ausbildungsgrade in kommunistischen Regimes in der Vergangenheit.
- Afrika ist Schlusslicht. Lateinamerika ist bei den Demokratiewerten besser geworden. Diese Regionen schaffen es aber nach Sen noch nicht, diese Erfolge in soziale Gerechtigkeit umzusetzen.
- Ostasien steht an einem anderen Ende des Spektrums von Gerechtigkeitsmöglichkeiten: trotz schwacher Demokratiewerte sind die Regime sozial vergleichsweise gerecht (Krück/Merkel 2004: 102). Vielfach ist aber argumentiert worden, dass die „vier kleinen Tiger" diesem Befund widersprechen.

(4) Eine Annäherung der Konzeptionen in Ost und West vollzog sich in der Popularisierung des Begriffes *Zivilgesellschaft*. Der Begriff Zivilgesellschaft hat eine ungewöhnlich lange Karriere. 150 Jahre lang ging nach dem berühmten Diktum von Marx ein Gespenst um in Europa - der Kommunismus. Es war wie im Märchen: als der Bann sich löste und das Gespenst verschwand, trat gleichsam eine gute Fee hervor: die Zivilgesellschaft. Der Begriff der Zivilgesellschaft war die Leitidee für die friedlichen „Kerzenrevolutionen". Mehr als der Linksabbiegerpfeil im Straßenverkehr kam von Osten nach Westen. Der Westen, der sich zunehmend in einem platten Neoliberalismus verstrickt hatte, schien plötzlich einen Ansatz für ein konsensfähiges normatives Konzept zu erhalten. Zwar hatte der Kommunitarismus mit seiner Suche nach „*community*" schon ähnliches vorgedacht. Dass normative Konzepte aber über Nacht geschichtsmächtig werden könnten, haben die Vordenker der Zivilgesellschaft in der osteuropäischen Intelligencija erstmals vorexerziert. Der erstarrten Utopie eines real gewordenen Sozialismus wurde eine konkrete Utopie entgegen gesetzt: die Zivilgesellschaft. Eine der am stärksten bewaffneten ideologischen Großmächte der Weltgeschichte trat ab, ohne einen einzigen Schuss abzugeben. Das Wunder von Jericho, bei dem Trompeten Mauern zum Einsturz gebracht haben sollen, schien klein gegen die Kette von Wundern in Moskau, Warschau, Leipzig, Prag oder Budapest.

Die osteuropäische Theorie der Zivilgesellschaft stand - wie ihr marxistisches Gegenbild - stark unter dem Einfluss dieser weltfremden intellektualistischen Weltauffassung. In Osteuropa mag dies eine lässliche Sünde gewesen sein. Der Anti-Realsozialismus der Freiheitsbewegung war hinreichend vom Fortschritts- und Periodisierungsschema des bekämpften Marxismus-Leninismus infiziert. Er wurde zur Verbesserung des Feinderlebnisses häufig als „Stalinismus" stilisiert, obwohl es sich längst um einen autoritären aber sklerotischen Poststalinismus handelte. Eine bloße Rückkehr zum „Kapitalismus" war unerwünscht. Träume vom *Dritten Weg* zwischen den Gesellschaftsformationen breiteten sich aus. Die politische Realität hingegen war von einer beispiellosen Re-Ethnisierung der Gesellschaft geprägt. Die zivilgesellschaftlichen Bewegungen neigten jedoch in Osteuropa und in Ostdeutschland gelegentlich zum illusionistischen Prinzip von Bärbel Bohley: „Wir wollten Gerechtigkeit und bekamen den Rechtsstaat". Erst später sah man ein, dass mehr Gerechtigkeit als im Rechtsstaat verwirklicht vorerst noch nicht möglich ist.

Auch die westlichen Diskursethiker, wie *Jürgen Habermas* (1992: 435), hatten noch teil an der antiökonomischen Tendenz des zivilgesellschaftlichen Denkens. Das starre Basis-Überbau-Schema der Marxisten war längst dem flexiblen Antagonismus von Lebenswelt und System gewichen. Aber die Primärgruppen-Kommunikation der Lebenswelt blieb antiwirtschaftlich. Denn Wirtschaft drängt nach Globalisierung, und beförderte die Prozesse der Kolonialisierung von Lebenswelt durch Kommerzialisierung und indirekt auch durch Bürokratisierung und Verrechtlichung der Lebensbeziehungen.

Eine grundsätzliche Systemkritik war auch von Theorien der Zivilgesellschaft kaum noch zu erwarten. Der Minimalkonsens, der in den 90er Jahren entstand, reichte so weit, dass sich unter der Vielfalt der Termini geringfügige Meinungsverschiedenheiten versteckten, ob nun „Verhandlungsdemokratie", „Zivilgesellschaft", „Netzwerk-Kooperation" oder „Subpolitisierung" zum zentralen Begriff der theoretischen Bemühungen wurde. Die Hoffnung auf eine neuartige Bewegungsgesellschaft hat nicht einmal die Bannerträger der Zivilgesellschaft erreicht. Die Advokaten der reflexiven Demokratie beeilten sich, zu erklären, dass normative Gründe nicht taugen, theoretische Modelle gegen analytische und empirische Einsichten zu imprägnieren (Schmalz-Bruns 1995: 153).

Die Postmodernisierung der Reflexion über Zivilgesellschaft hat durch die Selbstbezüglichkeit diskursbereiter Individuen nur noch „Evolution" aber keine teleologisch gedachte notwendige Entwicklung mehr zugelassen. Der Gesellschaft wurden in der Theorie der Zivilgesellschaft keine mythischen

Kräfte mehr zugeschrieben, die Strukturen für eine authentische zivilgesellschaftliche Partizipation jeweils naturwüchsig hervorzubringen. Es entstand eher eine Pattsituation zwischen Zivilgesellschaft und System, da auch die Partizipationsangebote, die der demokratische Staat bereitstellt, unvollkommen sind. Es herrscht eine Art Komplementärverhältnis zwischen beiden Bereichen (Held 1989: 182).

Die Räteromantik der letzten großen sozialen Bewegung der klassischen Moderne hatte in der „Doppelstrategie" letztlich die Überwindung der Systemwelt angepeilt. In der Mobilisierung der neuen sozialen Bewegungen für die Zivilgesellschaft kam es eher zu einem risikolosen instabilen Gleichgewicht zwischen dem Status quo der Institutionen des Systems und den kreativen gesellschaftlichen Partizipationsformen der Zivilgesellschaft auf der Basis von Lebenswelt. Zivilgesellschaft gilt nur als relevant, solange sie sich nicht selbst einkapselt und sich auf den politischen Prozess der Demokratie fokussiert. Auch bei Ulrich Beck (1992: 209) waren die „Gegengifte" gegen die technokratische Risikogesellschaft nur noch homöopathisch dosiert, auch wenn von einer reflexiven, regelverändernden Politik die Rede ist. Die Mittel aber klangen konventionell. „Stau und Blockade" sind nicht so neu gegenüber „pressure" und Streiks. Auch Habermas (1992: 211) stellte fest, dass die politische Kommunikation der Staatsbürger schließlich in „Beschlüsse legislativer Körperschaften einmünden" müsste. Die Gerechtigkeit reduzierte sich in vielen Theorien der deliberativen Demokratie in Rechtsstaatlichkeit und unorthodoxer Institutionen-Entwicklung.

Aber nur idealer Weise gilt für die zivile Gesellschaft: „alle sind aufgenommen, keiner bevorzugt" (Walzer 1992: 79). In der Realität der alten Nationalstaaten Europas wurden unterschiedliche Prinzipien der Exklusion, und Inklusion nacheinander entwickelt: zuerst der *Rechtsstaat*, der alle Bürger und weitgehend auch *Nicht*-Bürger einschloss. Sodann wurde auch bei liberalem Gedankengut die Gleichheit der Bürger durch den *Nationalstaat*, meist gestützt auf Sprache und Kultur, hinzugefügt, um dem rechtstaatlich geschützten Bürger die Motivation zu geben, aktiv an dem Leben der Nation teilzunehmen und notfalls für sie das Leben zu lassen. Der nationale Gedanke drängte somit auf Partizipation aller Bürger im *demokratischen Staat*. Als diese wenigstens im allgemeinen Wahlrecht verwirklicht schien, musste im *Wohlfahrtsstaat* jenes Minimum an sozialer Gleichheit hinzugefügt werden, dass für eine erfolgreiche politische Teilnahme unerlässlich war.

Zivilgesellschaftlicher Überschwang kann unterstellen, dass alle Bürger und Nichtbürger, die am Diskurs teilnehmen - auch die, die nicht einmal die Sprache des Gastlandes verstehen - auf allen Ebenen gleich sind. Die Realität der Staaten - die USA nicht ausgeschlossen - zeigt jedoch handfeste Ungleichheiten des Citizenship. Die Ausweitung der Zivilgesellschaft als Inkarnation der Gerechtigkeit heißt daher vor allem wachsende Inklusion der Menschen, die auf einem Territorium leben, in alle Bereiche des Citizenship.

Matrix: Gleichheit und Ungleichheit der Citizenships

	Gleichheit	Ungleichheit
weite Inklusion	*Rechtsstaat* Grundrechte, vor allem Habeas-Corpus-Rechte gelten für alle auf einem Territorium Lebenden	*Nationalstaat* Staatsangehörigkeit nur für „Volksangehörige", „jus soli" integrativer als „jus sanguinis"
weitergehende Exklusion	*Wohlfahrtsstaat* Inklusion auch von Immigranten und Asylanten, und selbst für jene, denen Staatsbürgerrechte entzogen wurden	*Demokratischer Staat* Partizipationsrechte nur für Staatsbürger, einzelne Rechte für EU-Bürger, gelegentlich auch kommunales Wahlrecht für Ausländer.

In allen europäischen Staaten gleicht sich die Konzeption der sozialstaatlichen Inklusion zunehmend an, während die USA hier nur insofern Ungleichheit walten lassen, als eine lückenlose Inklusion aller in das soziale Sicherungssystem kaum verwirklicht wurde. Sie bleibt das Minimalziel von operationalisierten Gerechtigkeitstheorien.

(5) Zunehmend wurden auch in Amerika Theorien entwickelt, die sich auf eigene Weise der russischen Skepsis gegen die vorherrschende Philosophie nähern. *Richard Rortys* Kritik am Krypto-Essentialismus der deliberativen Demokratietheorie setzte neue Akzente. Bei Rorty erfolgte eine Annäherung

an den Pragmatismus von James, Peirce und Dewey: wahr ist das, was sich in der Praxis als nützlich erweist. Solche Sentenzen sind freilich für Neoidealisten kaum akzeptabel, z.B. eine Annahme wie die: Es kann daher mehrere Wahrheiten geben, wie ein Arzt mehrere Medikamente verschreibt. Nach der Auseinandersetzung mit dem Pragmatismus war Rorty in dem Buch „Philosophie und der Spiegel der Natur" (1979) isoliert und wurde Literaturwissenschaftler in Stanford. Diskurse wurden nun auf der Basis der Ästhetik gewürdigt, das dürfte vielen traditionellen Normativisten nicht gefallen.

- *„Letztbegründungen"* sind auch für Rorty nicht möglich. Theoretiker machen Angebote. In der sprachlichen Verwobenheit „schaffen" wir die Welt. Es gibt keinen Unterschied zwischen Wissen und Meinen. Der menschliche Sprachumgang bleibt rhetorisch. Theorien haben praktische Absichten. Eine Abgrenzung von politischer Theorie und Rhetorik bleibt selbst rhetorisch. Aufgabe der Theorien ist es, Begriffe für den Kampf zu schmieden. Theorie führt nicht zu Universalien und Allgemeinbegriffen, sondern zu Besonderheiten. Zum Schlüsselbegriff wurde die Kontingenz. Sie ist zwischen Bestimmtheit und Zufall angesiedelt. In „Kontingenz, Ironie und Solidarität" hat Rorty (1989) seine Theorie entwickelt:
- *Theorien sind sinnlos.* Besser als Theorien sind Romane und Comic-Hefte, die Sinn für das Leid in der Welt entwickeln. Roman und Kino verdrängen Predigt und Abhandlung als Vehikel moralischer Veränderungen. Es gibt kein vorsprachliches Bewusstsein, das wir sprachlich elaborieren, unser Vokabular ist zufallsbedingt.
- Es kommt zu einer *Verabschiedung herkömmlicher Gewissheiten.* Das Vokabular der Aufklärung hatte seine Funktion für die Durchsetzung der Demokratie. Inzwischen war es aber für Rorty hinderlich für die Verbesserung der demokratischen Gesellschaft geworden.
- *Neues Vokabular* muss erfunden werden. Das verschärft den Kampf der Vokabulare in der Welt – auch in der Gerechtigkeitsdebatte. Solche Neubeschreibungen sind lediglich Werkzeuge, ohne den Anspruch zu erheben, das Wesentliche gefunden zu haben. Liberales Vokabular ist nur im Vergleich besser als konkurrierende Vokabulare. Der Theoretiker ist kein Neutraler. Für ihn gilt die Handlanger-Metapher von John Locke. Nur die klassische *„Theoria"* wählt noch den Blick von oben, und glaubt aus der Entfernung alles zu überblicken.

- Rorty (1992: 111) stilisierte sich als *liberaler Ironiker* gegen Foucault, der Ironiker sei, aber kein Liberaler sein will, und Habermas, der ein Liberaler ist, aber kein Ironiker sein will. Wie die Poststrukturalisten ist Rorty gegen das Begründungsvokabular und bleibt skeptisch gegenüber Wahrheitsansprüchen, teilt aber mit Habermas die Vorstellung eines engagierten Bürgers. Habermas bleibt für Rorty dennoch Metaphysiker, weil er noch auf den „Konsens" durch Diskurse hofft. Rorty fühlte sich nicht als Relativist oder gar Nihilist, denn er plädierte für Engagement. Engagement entsteht aus Überzeugungen. Die von ihm gepflegte Ironie hält er nur privat für vertretbar, sie kann für Rorty nicht zur Maxime für die Erziehung der Jugend werden. Dieser Aspekt ist mit den Theorien der Neoidealisten vermutlich konsensfähig. Solidarität ist wichtig, aber nicht Solidarität aus Identifikation mit der Menschheit als solcher, sondern Solidarität, die aus Selbstzweifeln in der Demokratie herrührt, Zweifel an der Sensibilität für die Schmerzen und Demütigungen anderer. Identifikation erscheint unmöglich, nur Selbstzweifel ist angemessen (Rorty, 1992: 320).

Hier sehe ich ein Problem für postkommunistische Theoretiker: sie kämpfen um eine neue Konzeption gerechter Demokratie und können sich schwerlich mit Ironie und Selbstzweifeln an das auch von Rorty geforderte Engagement wagen. Besonders konsensfähig mit einigen Neoidealisten erscheint die Annahme eines von der Philosophie Enttäuschten: Literatur erscheint Rorty für moderne Rechtsstaatlichkeit wichtiger als die politische Philosophie. Traurige und sogar sentimentale Geschichten haben uns sensibilisiert, wie Oliver Twist von Dickens. Solidarität stützt sich nicht auf Objektivität, sondern auf narrativ vermittelte Traditionen. Sie sind relativ und mit der jeweiligen Kultur verwachsen. Der Vorwurf, dass er Ethnozentrist sei, blieb nicht aus. Aber er ist ungerechtfertigt, solange gleiches Recht auch für alle außereuropäischen Kulturen anerkannt wird (Schaal/Heidenreich 2006: 246f).

(6) Es wurde den herkömmlichen Gerechtigkeitstheorien vorgeworfen, dass sie allzu stark auf *Verteilungsgerechtigkeit* angelegt wurden. Ein Philosoph wie *Wolfgang Kersting* (2000: 403) hat den sozialdemokratischen Sozialstaat kritisiert, den er einst verteidigte: „ihm ist vorzuwerfen, dass er sich durch Ersatzzahlungen von seiner strukturpolitischen und arbeitsmarktpolitischen

Gerechtigkeitsverantwortung und seiner bürgerlichen Solidarität freikauft". Der Sozialdemokratismus wird als monetaristischer Monismus kritisiert, der die Währung des Marktes genau wie die Egalitaristen – links von der SPD – zur Währung der Gerechtigkeit erheben. Arbeit ist mehr als Einkommen, sie ist eine Lebensform. Der *Kompensationismus* ist ethisch unterentwickelt. Zwar agitierten SPD und Gewerkschaften auch gegen Arbeitslosigkeit. Aber sie kämpfen im Sozialstaatsbereich vor allem für die Arbeitsplatzbesitzer. Immerhin fällt für die SPD der Trost ab, dass wenigstens ihr zweiter Grundbegriff „Solidarität" zu brauchen sei. Die Solidarität ist nach dieser Konzeption heute durchaus mit dem Liberalismus zu verbinden, soweit sie sich auf einen normativen Individualismus gründet. Sie teilt mit dem Kommunitarismus die antistaatliche Skepsis. Setzt aber nicht – wie die Kommunitarier - auf die Hoffnung irgendeine Gemeinschaft oder eine kulturelle Identität wieder zu beleben. Solidaritätsnormen sind partikularistischer Natur. Es gibt keine inklusive Verpflichtungssymmetrie zwischen den Menschen, sondern nur Verpflichtungen als Mitglied einer Gemeinschaft.

Der *„Liberalismus sans phrase"*, den Kersting propagierte, setzt auf das selbstmächtige Individuum und legt Wert auf ein hochwertiges Ausbildungssystem, eine offensive Beschäftigungspolitik, und auf das Suffizienzprinzip als Grundlage des Solidaritätsprinzips. Der Wohlfahrtsstaat hingegen gilt als Produzent von Unselbständigkeit. Eine solche Theorie der bedürftigkeitsorientierten Grundversorgung müsste eigentlich auf ein Grundgehalt ausgerichtet sein. Alles andere muss das Individuum selbst erreichen. Das ist kein Bedarfdeckungsminimalismus, sondern Hilfe zur Selbsthilfe.
Abgelehnt werden in dieser Konzeption:

- Flächentarifverträge, die dem Lobbyismus der Arbeitsplatzbesitzer dienen,
- Der zu geringe Abstand zwischen Sozialhilfe und Niedriglohn, die Abwälzung der Probleme auf ein nicht mehr finanzierbares Soziales Sicherungssystem.
- Die Umlagefinanzierung – stattdessen sollte Kapitaldeckung möglich werden.
- Ausbeutungsverdächtige Umverteilungen von den Jungen zu den Alten, die den Generationenvertrag ruinieren. Kersting wittert die Rache der Jugend als Folge einer fehlgeleiteten Gerechtigkeitspolitik: Kinderunwil-

ligkeit der Jungen ist ein rentenpolitischer „free-rider" und eine ver-
deckte Aufkündigung des Generationenvertrags.

- Studiengeldfreiheit. Nichtakademische Arbeiter zahlen für Akademiker-
kinder das Studium. Studiengebühren müssen hoch genug sein, um die
Stipendien für die Kinder unterprivilegierter Schichten zu finanzieren.
500 Euro, die einige Bundesländer kassieren, decken kaum die Verwal-
tungskosten.

Können die Volksparteien diese Thesen je akzeptieren? Können sie die Wi-
dersprüche von Gerechtigkeit und Solidarität thematisieren – mit so vielen
unerwünschten und gegen ihre Tradition laufenden Konsequenzen? Ich
fürchte, sie werden es müssen. Zu einer Konzeption der Neodemokratie
gehört eine normative Selbstkritik und sogar gelegentlich eine ironische Dis-
tanz zu allen allzu vollmundigen Theorien der Gerechtigkeit.

5.2 Theorien der Demokratiereform

In der Demokratiedebatte werden meist drei Modelle behandelt:

- das *liberale Modell*, wie es Hayek, Nozik oder Kymlicka (1989) vertraten,
- das *republikanische Modell* à la Hannah Arendt, das sich in konservativen
wie kritisch-linken Kreisen einer gewissen Beliebtheit erfreut. Bei ihm ist
Politik nicht nur Vermittlungsinstanz für gesellschaftliche Interessen,
sondern für die gerechte Verfassung von Staat und Gesellschaft. Nicht
strategisches Aushandeln von Kompromissen, sondern die Suche nach
politischen Gemeinschaften steht im Vordergrund. Es besteht jedoch die
Befürchtung, dass die entgegen gesetzten Wertorientierungen pausenlos
politischen Krisenzustände auslösen.
- Das *deliberative Modell*, wie es Habermas oder Nida-Rümelin (2003) vertreten, setzt vor allem Wahrhaftigkeit und Gemeinwohlorientierung als
essentielle Tugenden der deliberativen Demokratie voraus.

Während das liberale Modell vor allem auf *Kompromissfindung zwischen unvereinbaren Positionen* setzt, funktioniert ein republikanisches Modell nur bei
einem vorausgesetzten Grundverständnis der Gesellschaft. Dieses gilt aber

vielen Theoretikern als heute nicht mehr möglich. Das deliberative Demokratieverständnis reduziert sich auf die Bedingungen für den politischen Prozess, die vernünftige Resultate erwarten lassen (Embacher 2009: 119). Die Gemeinwohlorientierung wird jedoch von Nida-Rümelin (2003) und anderen Autoren noch immer als Voraussetzung einer deliberativen Demokratie angesehen.

Im internationalen Kontext ist die deliberative Demokratie als zu wenig leistungsfähig eingestuft worden. Zwei Gefahren mindern die Geltung der Theorie deliberativer Demokratie:

- Die Internationalisierung und *Europäisierung politischer Entscheidungen* in Krisensituationen,
- und die Internationalisierung der *transnational organisierten Medien*.

Das Modell der deliberativen Demokratie leidet durch *Überanpassung* daran, dass es die Entkopplung der supranationalen Entscheidungsträger nicht mehr als demokratisches Übel, sondern als normativen Mehrwert interpretiert. Es ist realitätsentrückt, weil es nicht erkennen will, dass die Interaktionsmodi in europäischen Entscheidungsprozessen nur in Ausnahmefällen den Grundsätzen deliberativer Demokratie entsprechen (Höreth 2009: 307). Damit scheint sich die Anerkennung des Modells auf nationalstaatliche Ebenen zu reduzieren, die jedoch zunehmend an Bedeutung verlieren. In der Euro-Krise 2012 mehrten sich die Stimmen, die einer Europäisierung der Entscheidungen das Wort redeten, wohl wissend, dass damit an Effizienz der Krisenbewältigung gewonnen wird, zugleich aber von Verlusten an deliberativer Demokratie begleitet sein dürfte.

Auch hinsichtlich der *neuen Mediendemokratie* scheint die deliberative Demokratietheorie in die Defensive zu geraten, weil die Struktur der Medienlandschaft nicht offener und dezentralisierter wurde. „Mediapoly" lässt nur geringe Gestaltungsmöglichkeiten der internationalen Medienkonglomerate übrig, wenn man nicht notfalls eine „demokratische Zensur" zulassen will (Buchstein 1996: 603f, vgl. Kap. 2).

Die bloß nationale Betrachtung des Problems, mit dem Blick auf die herkömmlichen Institutionen der repräsentativen Demokratie, löste inzwischen selbst bei den Pionieren des Modells der deliberativen Demokratie, wie Habermas, Bedenken aus. Nach einem neuen Negativszenario droht die Gefahr der Postdemokratie von der Europäischen Union. Bei Jürgen Habermas (2011: 8ff), der uns nie im Stich lässt, wenn intelligente Niedergangsszenarien diskutiert werden, drohen europäische Vereinbarungen in der Finanzkrise in die Kernbereiche der nationalen Parlaments einzugreifen. Es zeichnet sich eine Art von *Exekutivföderalismus* eines sich selbst ermächtigenden Europäischen Rates ab. Habermas sieht darin ein Muster der *postdemokratischen Herrschaftsausübung.* Noch gibt es jedoch nach Habermas Widerstand gegen die Aushöhlung der Demokratie:

- Die *Verteidiger des Nationalstaates* haben in der Krise die Rückdeckung der Wirtschaftslobbyisten verloren, die den gemeinsamen Markt möglichst von politischen Interventionen freizuhalten suchten.
- Die *Anhänger der „Vereinigten Staaten von Europa"* drohen sich im halbherzigen Exekutivföderalismus zu verlieren. Eine bundesstaatliche Verfassung wurde für die *transnationale Demokratie* als das falsche Modell bezeichnet, zumal die politischen Eliten zu den notwendigen weitreichenden Vertragsänderungen noch nicht bereit sind.

Eine Transnationalisierung einer nicht mehr verdinglichten Volkssouveränität versuchte Habermas (2011: 49) durch drei Prozesse zu fördern:

- Die *demokratische Vergemeinschaftung* freier und gleicher Rechtspersonen,
- die Organisation kollektiver Handlungsfähigkeiten,
- und das Integrationsmedium einer *Bürgersolidarität* unter Fremden.

Die Mitgliedstaaten werden damit getröstet, dass sie ihr Gewaltmonopol behalten, aber sich dem supranationalen Recht unterordnen und ihre Souveränität mit der Gesamtheit der Unionsbürger teilen. Diese *Teilung der Souveränität* zwischen Bürgern und Völkern Europas verlangt symmetrische Verantwortlichkeit der Kommission gegenüber Rat und Parlament der EU. Solche normativen Vistas werden von europäischen Integrationsspezialisten jedoch kaum geteilt. Es werden drei Optionen angeboten, um die Demokratie in Europa zu bewahren (Höpner u. a. 2012: 12):

- Weitere Integration mit immer tieferen Einschnitten in die Souveränität der Gliedstaaten.

- Unterbrechung der Dynamik der Erweiterung und Rückführung der Heterogenität der Länder auf ein beherrschbares Maß.

- Suche nach einem passenden Währungsregime mit festen aber anpassungsfähigen Wechselkursen, das den Druck in Richtung Fiskaltransfers und europäischer Eingriffe in die staatliche Selbstbestimmung minimiert und die kollektive Identität der Europäer nicht weiter überspannt.

Strategien der Integration, welche die staatliche Souveränität schonen, haben ganz offensichtlich die größte Sympathie der Spezialisten. In dieser Hinsicht ließ das *Manifest „Wir sind Europa"* (2012: 45) von Jürgen Habermas, Ulrich Beck bis zu Richard von Weizsäcker unterzeichnet, manches offen. Immerhin wurde ein „freiwilliges europäisches Jahr" für alle propagiert, um die europäische Bürgergesellschaft zu fördern.

Inzwischen hat Jürgen Habermas durch Anschluss an die Parteiendiskussion ein neues Verfahren angeregt. Sigmar Gabriel hat als Vorsitzender der SPD Habermas besucht und ihn um einen Beitrag für das Regierungsprogramm gebeten. Peter Bofinger und Julian Nida-Rümelin haben an einer programmatischen Aufforderung an die SPD mitgewirkt. Das neue Programm soll nicht mehr als „closed shop" in der Partei geschrieben werden, sondern aus dem Austausch von Wissenschaftler und Intellektuellen entstehen (Bofinger u. a. 2012: 33). Ganz neu ist das Verfahren nicht. Es ist heute vergessen, wie die Parteien einst mit einer gewissen Verspätung die Grundsätze des „Kritischen Rationalismus" und später die des „Kommunitarismus" auf ihre Fahnen schrieben. Die drei Autoren plädieren dafür, dass die EU, mindestens aber die Euro-Zone, durch Vertiefung der Integration und durch Verzichte an der Souveränität der Nationalstaaten, eine Avantgardefunktion übernehmen. Das sozialstaatliche Gesellschaftsmodell und die staatliche Vielfalt der Kulturen können nur gemeinsam behauptet werden: „Der Verzicht auf die europäische Einigung wäre auch der Abschied von der Weltgeschichte" heißt die angreifbare Schlussapotheose. Die Weltgeschichte wird auch ohne Durchbrüche in der europäischen Einigung weiter gehen, so wünschenswert die Vorschläge der drei Autoren auch sein mögen.

Bei Habermas und seinen Mitstreitern ist eine neue europäische Dimension der Demokratie intendiert. Aber noch sind vor allem die Organisationen der Arbeiterschaft und die Gewerkschaften gegen die europäische Rettungspolitik, die angeblich die nationale Staatlichkeit und die Demokratie zugleich abschafft (Michael Sommer 2012: 73). Die Priorität, die in dieser Konzeption der Einberufung eines europäischen Verfassungskonvents zuerkannt wird, macht es zugleich unwahrscheinlich, dass diese Entwicklung angesichts der Kritik, die an „Merkels viertem Reich" in weiten Teilen Europas geübt wird, durchsetzbar werden kann. Die Furcht vor einer deutschen Dominanz im Demokratisierungsprozess Europas ist vorerst noch stärker als die Vernunft und der demokratische Enthusiasmus jenseits des Nationalstaats. In Deutschland werden gern die Nachbarstaaten in West- und Südeuropa für die mangelnde Krisenlösung angeprangert. Aber die höheren Zinsen für deutsche Staatsanleihen werden von nicht wenigen Fachleuten als Untergrabung der finanzpolitischen Integrität der bisher solideren Länder gewertet. Der Transfer von Geld deutscher Steuerzahler ließe sich nach solchen Befürchtungen von Otmar Issing (2012: 23), einst Chefvolkswirt der Deutschen Bank und ab 1998 im Direktorium der Europäischen Zentralbank, zudem kaum demokratisch legitimieren.

Der frühere Parlamentspräsident der Slowakei und Vorsitzende der Partei „Freiheit und Solidarität", Richard Sulik (2012: 11) hat die deutschen Kritiker aus dem Ausland unterstützt, weil die Haftungsunion zur weiteren Schuldenpolitik geradezu einlüde. Schuldenpolitik müsste kein Reservat von nationalistischen Experten sein. Sie wäre besonders makaber, wenn sie durch mehr plebiszitäre Möglichkeiten auf europäischer Ebene eine Plattform für die Legitimation des nationalen Egoismus erhielte. Selbst britische Kritiker wie Colin Crouch (2012: 25) haben die Betonung der nationalen Souveränität in Großbritannien scharf kritisiert und auf Europa als Sicherung unserer Autonomie und die unerlässlichen transnationalen Netzwerke im Zeitalter der Globalisierung gesetzt. Wenn deliberative Demokratie zu mehr Volksentscheiden führt, dürfte der nationale Egoismus in vielen Nationalstaaten geradezu gestärkt werden. Die Politik nicht immer schlüssiger Kompromisse wird vermutlich keine neue Ära einer wünschenswerten Neodemokratie ermöglichen.

Im Boom der Postdemokratie-Prognosen gilt es, nicht in einen altmodischen Evolutionismus von Stadien zu verfallen. Wolfgang Merkel (2010:497-499): glaubte in seiner Schlussbilanz zur Demokratisierungsforschung nicht an eine *„reverse wave"* - aber ebenso wenig an eine vierte Demokratisierungswelle und ging davon aus, dass die meisten Systeme ihren Regimecharakter nicht nennenswert verändern werden. Die westlichen Demokratien gelten in der Demokratieforschung als stabil. Aber sie sind belastet durch Vertrauensschwund auf der *Nachfrageseite* der Bürger und weniger durch Unzufriedenheit auf der *Angebotsseite* des politischen Systems. Die *critical citizens* finden sich heute vor allem in den Mittelschichten (Norris 2011, Merkel 2011: 442). Die Zufriedenheit der Bürger basiert auf der *Inklusion der Bürger* in politische Entscheidungsprozesse. Die empirischen Befunde hinsichtlich der Inklusionsleistungen der neueren Demokratien fallen unterschiedlich aus:

- Bei der *Inklusion der Unterschichten* haben die Demokratien im Vergleich zu den sechziger Jahren versagt.
- Hinsichtlich der *Inklusion von Migranten und Ethnien* ist der Befund ebenfalls nicht sehr positiv.
- Am positivsten erscheint die Inklusion von Frauen und abweichenden sexuellen Orientierungen.

Der Mainstream in der Politikwissenschaft bleibt erfreulicher Weise gelassen angesichts der Untergangsszenarien. Von einer „Krise der Demokratie" wollten Demokratieforscher wie Wolfgang Merkel (ebd. 445) in einem wachen Sinn für Geschichte schon deshalb nicht sprechen, weil es kein Goldenes Zeitalter der Demokratie je gegeben hat. Im historisch kurzschlüssigen Rückblick gilt gelegentlich der Mythos, dass die „formierte Gesellschaft" der Adenauer-Ära oder die Schweiz ohne vollständiges Frauenwahlrecht in der gleichen Zeit eine bessere Demokratie darstellten. Phasenlehren verschwimmen im Vergleich von Demokratien, Semidiktaturen und nicht konsolidierten Demokratien. Neo-autoritäre Systeme treten zunehmend nur partiell autoritär auf. Jede Diktatur musste in den letzten Jahrzehnten demokratisch drapiert werden. Die Diktatur glänzte allenfalls durch den Anspruch eine konsequentere, gerechtere und volksnähere Demokratie zu schaffen, die eine entpolitisiertes und sachorientiertes Verwaltungshandeln ermöglicht, seit Kriege als Revitalisierungskonzept der politischen Systems nicht mehr möglich erscheinen (Münkler 2010: 11ff). Neuere Demokratietheorien waren Output-orientiert mit Messkriterien wie Effektivität, Implementierbarkeit, Interessenrepräsentation, Gerechtigkeit- oder Gemeinwohlverträglichkeit der demokratischen Entscheidungen. Externe Produktionsfaktoren prägten die Demokratietheorie wie

- die Zunahme gesellschaftlicher Komplexität,
- die soziokulturelle Pluralisierung der Gesellschaften,
- die wachsende Bedeutung postnationaler Konstellationen.

Alle drei Faktoren verstärken die Schwierigkeit, regulative Politik ihren Programmen zu implementieren. Demokratietheorie wird daher immer stärker von Experten entwickelt. Der Schwerpunkt der Programmfindung bei den akademischen Experten macht die Kluft zu den politisch aktiven Normalbürgern zunehmend größer und heizt die modische „Politikverdrossenheit" wenigstens in den Medien an. Andererseits verstärkt diese Entwicklung den Trend, die normative Demokratietheorie stark auf die empirische Forschung zu beziehen und möglichst keine abstrakt-utopischen Modelle in den Raum zu stellen.

Die Kritiker der Postdemokratie von Offe bis Crouch haben sich in der Regel nur die weniger günstigen Entwicklungen hinsichtlich von Inklusion und Partizipation herausgesucht. Bei der Analyse der Entwicklung von der Postdemokratie zur Neodemokratie müssen negative Entwicklungen, wie der Populismus ebenso berücksichtigt werden, wie positive Partizipationsmöglichkeiten durch die neuen Medien. Inzwischen ist von Pierre Rosanvallon (2008: 15) die „democracy of rejection" in einer neuen Gegendemokratie gewürdigt worden. Neben positivem Verhalten wie Wahlbeteiligung und Partizipation entwickelten sich drei Maßnahmen der Counter-Democracy:

- die zivilgesellschaftliche Überwachung politischen Handelns durch Anprangern,
- durch Weigerung zivilgesellschaftlicher Akteure bei der Umsetzung von Entscheidungen die erforderlichen Ressourcen bereitzustellen,
- durch gerichtliche Bekämpfung politischer Entscheidungen.

Die Delegitimierung traditioneller Gewalten in Demokratien wurde vor allem in zwei Entwicklungen gesehen:

- in der Relativierung und Entsakralisierung der Wahlen,
- und in der Delegitimierung der administrativen Gewalten. Die neoliberale Rhetorik schwächte die staatliche Autorität und suggerierte, dass der Markt zum Stifter des Gemeinwohls werde (Rosanvallon 2010: 11).

Der Modebegriff *Responsivität* ist inzwischen sogar als selbstzerstörerisches Ideal liberaler Demokratie angesehen worden. Der Neoliberalismus als Leitidee ist dafür verantwortlich gemacht, dass diese einerseits die Responsivität erhöht, andererseits aber die empirischen Realisierungsmöglichkeiten von Responsivität verringert (Schaal, 2008: 353).

Aus solchen kritischen Feststellungen resultieren nicht bei allen Autoren Niedergangszenarien. Es wird anerkannt, dass *neue Orientierungen* entstehen, und Pluralität, Mitgefühl und Bürgernähe einen ganz neuen Stellenwert bekommen. Soweit die traditionellen demokratischen Gewalten der Legislative und der Exekutive einen Niedergang erlebten, haben die Verfassungsgerichtsbarkeit und unabhängige Aufsichts- und Regulierungsbehörden einen bedeutenden Prestigezuwachs erfahren, während die Justiz selbst bei einem Pionier der repräsentativen Regierungsform wie Montesquieu noch als *„quelque façon nulle"* galt. Die neuen Tendenzen drängten wiederum nach einem Zentralbegriff wie *Zivilgesellschaft*. Die Zivilgesellschaft hilft Demokratien zu begründen oder auszubauen, ist aber selbst nach Ansicht einiger Autoren (Möllers 2008: 36) nicht schon ipso facto demokratisch. Organisationen und Partizipationsformen sind für die Demokratie wichtig, aber sind deswegen noch nicht demokratisch legitimiert.

Das Volk schafft sich drei neue Rollen als *watchdogs, veto-wielders* und als *judges*. Volkssouveränität wird daher überwiegend in Formen ausgeübt, die nicht von Verfassungsregeln her spezifiziert worden sind (Rosanvallon 2008: 17). Dieser neue Trend kann zur Entpolitisierung führen, aber überwiegend antworten die Eliten positiv auf die neuen Herausforderungen. Kritik an dieser Position, die der deliberativen Demokratie nahesteht, blieb nicht aus. Es wurde ein Trend zur *Verwissenschaftlichung der demokratischen Politik* gebrandmarkt, und der Bürger als Richter gilt mangels Sachverstand als überfordert. Die Idee einer Verweigerung hat möglicher Weise sogar undemokratische Züge, wenn mächtige Vetospieler sich dem demokratisch legitimierten politischen Prozess entziehen (Jörke 2011: 174). Bürgerschaftliche Partizipation kann zur Elitisierung des politischen Prozesses beitragen, weil die für die Partizipation erforderlichen Ressourcen wie Sprachkompetenz, Selbstbewusstsein und Informiertheit nur bei Minderheiten zu finden sind (Walter 2009: 113). Mit Hilfe starker Führungspersönlichkeiten sollen strukturelle Schwächen der Demokratie überwunden werden (Ritzi/Schaal 2010: 13).

Die neuen Beteiligungsformen gelten in dieser Kritik vor allem als Kompensation für die Tendenzen von Entdemokratisierung (Blühdorn 2009: 42f). Die neuen Unterschichten und *Modernisierungsverlierer*, die durch neoliberale Reformen ihren lebensweltlichen Halt verloren haben, üben sich in Wahlenthaltung. Partizipation wächst hingegen bei den *Modernisierungsgewinnern*, die sich gleichsam eine neue Spielwiese erschlossen haben (Parkinson 2006; Jörke, 2011: 177). Der Grad des freiwilligen Engagements ist offenbar abhängig vom Grad der sozialen Integration einer Person (Gensicke 2006: 12). Die Fähigkeit zur Partizipation ist an besondere Ressourcen gebunden, wie Sprachkompetenz, Selbstbewusstsein und Information. Insofern ist die formale demokratische Partizipationsdemokratie der Bürgergesellschaft noch immer überlegen, weil im Wahlakt in repräsentativen Demokratien jede Stimme gleich ist. Repräsentanten in Demokratien haben den Vorteil einer doppelten Identität: sie sind „generalistisch" für das Ganze zuständig und zugleich parteigebunden (Urbinati 2006: 58).

Es ist jedoch vielleicht allzu pessimistisch, wenn die liberal definierte Bürgergesellschaft auf den „freien Markt" und die „freien Kleinassoziationen freier Bürger" beschränkt gesehen wird (Walter 2009: 113f). Staat und Großassoziationen spielen zunehmend wieder eine Rolle, seit der Neoliberalismus in der Eurokrise in die Defensive geriet. Vor allem in Deutschland zeigt sich das freie Marktmodell nicht zuletzt durch die Großassoziationen gebändigt, wenn es immer wieder zu Streikvermeidung und Kompromissen zwischen den Tarifpartnern kommt, wie in spektakulärer Weise im Mai 2012. Selbst in den USA kam es unter Obama zu erstaunlichen Reglementierungen im Bankenwesen. Die Übertreibung der Gier durch die Banken und die Übertreibungen der „Occupy-Bewegungen", die gegen sie mobilisierten, dürfte auf die Dauer ein neues Gleichgewicht zwischen Staat, Großorganisationen, staatlichen Institutionen und bürgerschaftlichen Mobilisierungskernen schaffen. Die Lobredner der Occupy-Bewegung (Graeber 2012) lassen kompromissfähige Ziele vernehmen, wie Ausbau des Sozialstaats, großflächiges Gemeineigentum, Verkürzung der Arbeitszeit und Ausweitung der direkten Demokratie. Selbst bei Sahra Wagenknecht (2012: 12) klingt der *„kreative Sozialismus"* im Detail aufgeschlüsselt, nicht mehr revolutionär, sondern eher wie ein altmodischer Forderungskatalog der frühen Sozialdemokratie.

Wenn neue linkspopulistische Thesen in die Welt gesetzt werden, finden sie breite Beachtung, selbst wenn sie von den Kommentatoren nicht immer geglaubt werden. Aber die konventionellere Politikwissenschaft hat schon immer die demokratische Legitimation in einer *Mischverfassung aus parlamentarischen und kooperativen Politikformen* gesehen (Benz 1998: 201, 205). Die parlamentarische Mehrheitsdemokratie hat den Nachteil, dass sie die Interessenstrukturen meist auf dichotomische Konflikte und territorial ausdrückbare Interessen reduziert. Durch kooperative Staatstätigkeit werden die outputseitigen Legitimationskriterien besser erfüllt als in der traditionellen parlamentarischen Demokratie. Außerdem kommt das Gewicht einiger Interessen besser in neuen Verhandlungsformen zum Ausdruck.

Das Konzept der „*reflexiven Demokratie*", wie es Schmalz-Bruns (1995: 165) entwickelte, ging davon aus, dass unterschiedliche Muster einer repräsentativen, direkt-majoritären und partizipativ-deliberativen Organisationsformen auf unterschiedlichen Ebenen institutionalisiert werden. Die neoliberale Konzeption, nach der Kooperation zwischen Staat und Gesellschaft grundsätzlich als demokratieschädigend gilt, ist weitgehend überwunden, ebenso wie die zu enge Koppelung von Kooperation und parlamentarischer Willensbildung (Benz 1998: 213-219). Es wird sinnvoller Weise eine komplexe Kombination von Konsensdemokratie und Mehrheitsdemokratie, von parlamentarischen und kooperativen Entscheidungsstrukturen, von Verhandlungen und Parteienwettbewerb gefordert. Diese Konzeptionen haben bereits die Rede von der „*postparlamentarischen Demokratie*" hinterfragt. Sie haben stattdessen die unterschiedlichen Sphären der Demokratie, wie sie Michael Walzer (1992) darlegte, in ihrer losen Koppelung verfolgt.

Solche Kompromisse haben den Vorteil, keiner großen Verfassungsänderungen zu bedürfen, weil sie sich in einer schleichenden Transformation der parlamentarischen Demokratie vollziehen. Gleichwohl traten ständig neue Pessimisten auf. Münkler (2012: 100f) befürchtete, dass die Legislative von der Exekutive überspielt wird, dass die Probleme sich schwerlich zu alternativen Antworten zuspitzen lassen, und dass die Wahlbevölkerung die jeweiligen Alternativen kaum begreift. Selbst das Konzept der Piratenpartei und ihrer „*Liquid Democracy*" gilt nicht als Ausweg, weil der Bürger zwar so schnell wird wie ein Börsenmakler – nur auf niedrigem Kompetenzniveau. Es werden auch neue Spaltungen befürchtet, zwischen denen, die permanent abstimmen und den Bürgern, die es nur gelegentlich tun. Es wurde befürchtet, dass Nichtregierungsorganisationen an die Stelle von Bürgergruppen und Parteien treten könnten.

Da kaum ein Theoretiker der Demokratie die bestehenden Verfassungen grundsätzlich in Frage stellt, muss empirisch nach der Möglichkeit der Verkoppelung der verschiedenen Demokratievarianten gefragt werden. Es wurde auch von vergleichenden Empirikern davon ausgegangen, dass alle Länder einen Bedarf an direktdemokratischen Elementen haben. Nicht alle Varianten der parlamentarisch-repräsentativen Demokratie sind jedoch für direktdemokratische Instrumente in gleicher Weise offen. Großbritannien zeigte den niedrigsten und Deutschland den höchsten Offenheitsgrad in Richtung direkte Demokratie (Stoiber 2011: 365). Deutschland scheint im Vergleich diesen Vorteil seiner vielseitigen Verfasstheit zu besitzen, hat aber bisher auf Bundesebene kaum Gebrauch davon gemacht.

Eine empirisch-vergleichende Politikwissenschaft wird daher schwerlich die Erfahrungen der *Pfadabhängigkeit* demokratischer Entwicklungen über Bord werfen können. Entwicklungen nach einem abstrakt-normativen Schema bei der Durchsetzung der Demokratie und der Transformation von autoritären Regimen zu Demokratien sind nach 1989/90 meist gescheitert. Die Ernüchterung der Transformationstheorie hatte ihre guten Seiten: sie stärkt unsere Skepsis gegen die Prognosen von Postdemokratie. Sinnvoll ist der Vorschlag, nur von *„postdemokratischer Wende"* zu sprechen (Blühdorn 2006: 72). Immer entstehen nach Abnutzung alter Modelle neue Demokratien. Die Kritik an der Postdemokratie ist vermutlich auch getragen von der Unsicherheit, in welche Richtung sich demokratische Systeme entwickeln werden.

Auch der Terminus *„Neodemokratie"* ist kein Allheilmittel. Das Konzept der „Neodemokratie" darf nicht in den gleichen Fehler wie die Theorien der Postdemokratie verfallen und eine universal-einheitliche Stadien-Lehre produzieren. Der stärkste Reinfall einer „Post-Begriffskonzeptionen" war sicher der Terminus *„Post-History"* bei Fukuyama (1992). Kaum war das angebliche „Ende der Geschichte" verbal eingeläutet, ereigneten sich Wellen von beispiellosen historischen Innovationen von den Transformationen zur Demokratie im „Post-Sozialismus" bis zur arabischen Revolution, die keiner der Regionalexperten prognostiziert hatte. Der Untergang der Sowjetunion wurde zwar gelegentlich voraus gesagt, ist aber mit falschen Ursachen begründet worden: „Sowjetisch-chinesischer Konflikt" (Amalrik 1970) oder „Aufstand der Nationen" (Carrère d'Encausse 1979) (vgl. v. Beyme 2010). *„Post-sowjetisch"* lässt sich als Begriff halten, denn eine Restauration der Sowjetunion will nicht einmal Putin. Aber schon der Terminus *„post-sozialistisch"* ist noch nicht konsensfähig, solange große Parteien noch nicht-diktatorische Formen eines demokratischen Sozialismus auf die Fahnen schreiben. Man kann natürlich einen „warnenden Gebrauch von Postdemokratie" versuchen ohne „moralinsaure Emphase", wie Dirk Jörke (2006: 44) es getan hat. Dann bezeichnet „Postdemokratie" ein „komplexes und widersprüchliches Nebeneinander von demokratischen und expertokratischen, von staatlichen und privaten, von nationalen und globalen Formen des Regierens". Dieser Ansatz, getragen von analytischer Vorsicht, schließt evolutionistische Prognosen aus. Auch Crouch (2004: 107) hat nicht das Ende der Demokratie prophezeit, sondern suchte nach einer *authentischen Demokratie*, die sich vom vorherrschenden anglo-amerikanischen Modell absetzt. Aber binnen weniger Jahre zeigten sich Prognosen über Postdemokratie als problematisch, etwa, wenn aus der Durchsetzung des neoliberalen Paradigmas in Verbindung mit Prozessen von Pluralisierung und Fragmentierung auf eine postdemokratische Führungsdemokratie geschlossen wurde (Ritzi/Schaal 2010: 13). Für einige postsozialistische Systeme wurde in Umfragen unter den Bürgern eine Ausdehnung der „Anomie" und Orientierungslosigkeit festgestellt, die zur autoritären Unterwürfigkeit führen kann (Rathkolb 2011: 62). Der latente Autoritarismus und die Ausbreitung des Neoliberalismus passen wenig zusammen. Zudem zeigte die Krise im 2. Jahrzehnt des dritten Jahrtausends, dass die Ausbreitung des Neoliberalismus sich nicht einmal mehr in Amerika kontinuierlich fortsetzte. Wo der Neoliberalismus als Ideologie in die Kritik der nordatlantischen Welt kam, war dies mit international koordinierten Steuerungsversuchen verbunden, nicht aber wie Neoliberale häufig gern unken, mit einem neuen Autoritarismus.

Die *Phaseneinteilungen* in den Sozialwissenschaften laufen seltsam unverbunden nebeneinander her. Die Gruppe um Ulrich Beck (1993) hat mit dem Begriff der *„reflexiven Modernisierung"* die Selbsttransformation der Industriegesellschaft und die Ablösung der ersten durch eine *zweite Moderne* prognostiziert. Größere Teilhabeansprüche, neue politische Partizipationsformen und die Aufwertung „subpolitischer" Handlungsarenen sind mit diesem Prozess verbunden (Grande 2008: 13). Das Ergebnis im Bereich der politischen Arena könnte verkürzt *„Neodemokratie"* genannt werden. Die verselbständigte Modernisierung hat nach Beck (1988: 292) längst begonnen, die nur gedachte Zwangseinheit von Industriegesellschaft und Moderne aufzubrechen. Nicht das Ende der Aufklärung wird propagiert, sondern ihre Einlösung gegen die Industriegesellschaft.

Die „Demokratisierung der Demokratie" (Offe 2003) ist längst nicht mehr auf Partizipation beschränkt. Immer neue Kataloge werden angeboten (Helms 2011: 15ff) wie: Ausweitung der demokratischen Partizipationsrechte, Vermehrung der Freiheit des Einzelnen, Vermehrung der Gleichheit, die Erhöhung der Effektivität des Regierungssystemen. Neben diesen Großzielen gibt es eine Fülle von konkreten Forderungen und abstrakten Wünschen (z. B. Transparenz). In allen Bereichen lassen sich Fortschritte in der angeblichen Postdemokratie erkennen. Während Polemiken gegen eine eher introvertierte Führungskraft einen schleichenden Autoritarismus wittern (Höhler, vgl. Kap. 1), sind *positive Wandlungen in vielen* Politikbereichen auffallend:

- Prima vista ist die Lage zwar ernst, hat aber wenig Ähnlichkeit mit der untergehenden DDR, die Sarah Wagenknecht der Bundesrepublik andichtete (Kap. 1). In westeuropäischen Ländern ist die Wahlbeteiligung von 1960 bis 2009 um 10% gesunken. Die Elitisierung der Wahlbeteiligung hat nach quantitativen Analysen zugenommen: politisches Interesse und Partizipation konzentriert sich auf die Älteren, die Reicheren, die Gebildeteren in der Bevölkerung. Aber die Jugend entdeckte *neue Formen der Partizipation*, deren Segnungen wie Gefahren nur unvollkommen erforscht sind (vgl. Kap. 2 und 3).

- Die *öffentliche Unterstützung der demokratischen Ordnung* erlebte – trotz einiger Fluktuationen - keinen generellen Niedergang. Die Bürger sind nur wurstiger geworden. 2012 glaubten 51% der im Politbarometer (II 2012: 1) Befragten nicht, dass ein vollständiger Regierungswechsel einen qualitativ großen Unterschied in der Regierungsweise bringen würde. Die latente große Koalition der Ära Merkel scheint im Volk internalisiert worden zu sein.

- Selbst das *Nationalgefühl* der europäischen Länder als Stütze der Legitimation hat durch die Globalisierung kaum gelitten und ist in einigen Ländern sogar gewachsen. Dies wurde nicht zuletzt durch die Herausforderungen des Populismus und die Militanz von Minderheiten möglich, die ihre eigene Nationalität entdeckten – von Schottland bis zum Baskenland (Kap.3).

- Deutschland ist international führend mit einer geringen Mitgliedschaft in rechtsextremistischen Parteien. Die *Abwehr gegen rechtsextreme Umtriebe* fand eine breite Basis im Volk. In der Nach-Adenauer-Zeit wurde ein bewährter Antifaschist wie Fritz Bauer ab 1950 in der damaligen Hochburg der Neonationalsozialisten in Niedersachsen als Generalstaatsanwalt in Braunschweig aktiv. Er ist international durch den Remer-Prozess bekannt geworden, der die Widerstandskämpfer rehabilitierte. Aber es blieb in dieser Epoche bei einem *„etatistischen Antifaschismus"* der Parteiverbote und der Prozesse. Während heute verbal neue Gefahren des Autoritarismus beschworen werden und Verfassungsschutz und Polizei in einigen Bundesländern im Kampf gegen den Neofaschismus kläglich versagten, haben selbst verschlafene mecklenburgische Kleinstädte *Bürgerinitiativen* zur Verhinderung von Aufmärschen der Rechtsextremisten auf die Beine gebracht – eine beispiellose Innovation der Abwehr gegen autoritäre Gefahren. Die 20-Jahr-Gedenkfeiern zum Desaster von Rostock-Lichtenhagen haben einen starken Gewissenswandel der Bürger angezeigt. Damals versagten Staat und Volk. Inzwischen ist das Volk wachsamer geworden.

- Während die von Colin Crouch gelobten Zeiten korporativer Demokratie die Probleme Immigration und *Einbindung der Migranten* weitgehend ausblendeten, kam es in der Ära Merkel zu beispiellosen Integrationsinitiativen – vom Moscheen-Bau bis zu Kompromissen in der Frage der Beschneidung muslimischer und jüdischer Kinder. Gleichwohl bleiben viele Probleme. *„Citizenship"* schien die Kategorie, die widerstreitende Interessen in zunehmend heterogener werdenden Gesellschaften eint. Aber die Dimensionen der citizenship: kollektive Identität, politische Mitgliedschaft und soziale Rechte und Pflichten fallen zunehmend auseinander. Seyla Benhabib (1998: 243ff) spitzte diese Brüche noch zu, wenn sie es als fundamentales Menschenrecht ansah, sowohl in Form von *„entry"*, Suche nach Eingang in die politische Gemeinschaft, als auch nach *„exit"*, Selbstausschluss aus der Gemeinschaft, vorzunehmen. Das Selbstausschlussrecht sah sie allerdings als moralischen Anspruch – nicht als legales Recht an, das mit Rechtsmitteln durchgesetzt werden kann. Schon Walzer (1983:40) hatte festgestellt, dass die Rechte Auswanderung und Einwanderung asymmetrisch sind. In einem Rechtsstaat gibt es das Recht auszuwandern. Aber es gibt nicht ein ebenso

145

stark verbrieftes Recht, in das Land seiner Wahl einzuwandern. Am krassesten wurde das bei den Sinti und Roma deutlich, die seit Aufnahme ihrer Hauptheimatländer Rumänien und Bulgarien sich in Europa eigentlich frei bewegen dürfen. Gleichwohl werden ihre Ad hoc-Siedlungen auch in Deutschland immer wieder aufgelöst, wegen „illegaler Landnahme".

- Seyla Benhabib (1998: 245, 247) widersprach einst vehement der These Walzers. Das Menschenrecht in ein anderes Land einzuwandern, ist zu verteidigen, auch wenn aus dieser Einwanderung nicht sogleich ein Anspruch auf politische Mitgliedschaft im neuen Gemeinwesen entsteht. Deutschland wurde beschuldigt, nach der Vereinigung Immigranten und Asylsuchende abgewimmelt zu haben mit der Begründung, dass die Aufnahme den heimischen Lebensstandard negativ beeinflusst. Tatsächlich haben alle europäischen Staaten die Restriktionen für Einwanderer je nach wirtschaftlicher Lage ausgestaltet. Die Niederlande wähnten sich einst weit fortschrittlicher als der Nachbar Deutschland. Als die Welle des Populismus anwuchs und die ökonomische und gezielte Einwanderung zunahm, wurde Holland noch restriktiver als Deutschland. Inzwischen wird eine seltsame Nadelstichpolitik verfolgt: in grenznahen Städten der Niederlande dürfen ausländische Touristen nicht mehr in den Drogenläden einkaufen.

- Im Vergleich zur „Vor-Postdemokratie" hat die *Gleichstellung der Frauen und Homosexuellen* unbestreitbare Fortschritte gemacht.

- Auch wenn einige Demokratietheoretiker keine starke Verbindung zwischen Demokratie und *Umverteilung* zugunsten der sozial schwächeren Klassen finden konnten (Shapiro 2003: 150), haben Empiriker zwar Herausforderungen der Politik, aber keine Krisen der Demokratie entdeckt, da fast alle krisengeschüttelten Staaten wie Großbritannien, die Niederlande, Dänemark Schweden unterschiedliche aber *„pfadgerechte" Lösungen in den Krisen gefunden* haben (Scharpf 1998: 99).

- Trotz der Aufzählung von 22 typischen Schwächen der Demokratie, vom Zielkonflikt zwischen Gleichheit und Freiheit bis zur demokratischen Pfadabhängigkeit, konnte Manfred Schmidt (2010: 464, 506) sich in einer realistischen Demokratietheorie zu einem „gedämpften Optimismus" bekennen. Eine umfangreiche vergleichende Studie zur „Performanz der Demokratie" (Roller 2005: 268ff) fand die gängigen Hypothesen über die Effektivität westlicher Demokratien falsifiziert. Viele Politikfelder wie Wirtschafts- und Sozialpolitik erlebten eine Verbesserung der Effektivität, andere wie die Umweltpolitik blieben stabil. Wiederum ließen sich jedoch Differenzen der Länder aufzeigen: Fortschritte in den USA und in Deutschland, Rückschläge in Südeuropa und Irland. Nordischer Wohlfahrtskapitalismus hatte hohe Effektivität, aber auch nicht sozialdemokratisch dominierte Systeme wie Japan oder die Schweiz haben eine überdurchschnittliche Leistungsfähigkeit demonstriert. Selbst die USA, meist als Negativmodell dargestellt, zeigte Reformfähigkeit im Bereich der Sozialpolitik. Der Zusammenhang zwischen Effektivitätssteigerung und institutioneller Reform erwies sich jedoch als kompliziert. Die Annahme, dass fundamentale politische Probleme durch einfache institutionelle Reformen gelöst werden konnten, hat sich nicht bestätigt (ebd. 280).

- Angesichts der positiven Entwicklungen, die im Postdemokratie-Gerede zu kurz kommen, dürfen freilich einige *negative Entwicklungen* nicht übersehen werden. Sie sind weitgehend abhängig vom Machtzuwachs des ökonomischen Sektors gegenüber dem politischen System. Die Globalisierung und die vorübergehende Dominanz der neoliberalen Wirtschaftskonzeptionen haben die Probleme verschärft. Dies führte zu neuen Formen des Konflikts. Der Vormarsch des Neoliberalismus, der für viele negative Entwicklungen der Postdemokratie verantwortlich gemacht wird (Crouch 2011: 62), ist in vielen Ländern gestoppt. Der *Neo-Keynesianismus* gewinnt an Boden. Für die Akzeptanz des Systems ist entscheidend, dass auch klassische Wohlfahrtsstaaten zugeben, dass die Kluft zwischen arm und reich sich vergrößert.

Hauptproblem der Demokratien in Europa ist zurzeit die *Eurokrise*. Die notwendigen Maßnahmen, von den Eurobonds bis zur Bändigung der Habgier internationaler Konzerne durch Spekulationssteuern und europa-weite Regulierungen, sind weitgehend noch im Diskussionsstadium. Aber es ist abzusehen, dass mit Zuspitzung der Krise innovative Taten folgen müssen. Noch aber wird mit Illusionen wie „Vereinigte Staaten von Europa" den Völkern etwas vorgegaukelt, was allenfalls in den Köpfen der Eliten eine Rolle spielt (Limbach 2012: 28), und selbst bei diesen aus Angst vor einer möglichen deutschen Vormacht allenfalls verbal benutzt wird. Es werden mittlere Wege der *Konföderierung der Staaten* und der *Regulierung der Wirtschaftsakteure* gefunden werden müssen.

Trotz der Anhäufung von *Indikatoren für eine Demokratie-Krise* ist die generelle Krise gleichwohl seit David Eastons Systemtheorie immer wieder ins Reich des Mythos verwiesen worden. Der Nachteil empirischer Analysen liegt in dem begrenzten Zeitraum, den sie mit Zahlen zu belegen versuchen. Krisentheoretiker hingegen legen sich selten fest in der Frage, in welchem Zeitraum ihr Szenario des Niedergangs sich vollzieht. Krisenszenarios gingen häufig von einer Kombination steigender Erwartungen aufgrund von wachsender Informiertheit mit zunehmend negativen Enthüllungen über das politische System aus. Auf der *Nachfrageseite* haben die Aspirationen der Bürger zugenommen. Auf der *Angebotsseite* haben Regierungen und Medien zunehmend ihre Angebote der Information und Transparenz verbessert. Die Ausbreitung demokratischer Aspirationen wird vielfach nicht mehr negativ beurteilt, denn sie stärkt Tendenzen demokratischer Regierung (Norris 2011: 221, 224, 241ff).

Demokratie und Rechtsstaat müssen für eine gedeihliche Entwicklung der Neodemokratie in einer Balance gehalten werden. Die Weimarer Republik hat gelehrt, dass trotz beachtlicher rechtsstaatlicher Tradition in Deutschland seit dem Kaiserreich Demokratie und Rechtsstaat schließlich von autoritären Bewegungen schrittweise ausgehöhlt wurden. Nichtkonsolidierte Demokratien - wie in Russland - haben ein gewisses Maß an demokratischer Partizipation ermöglicht, aber die Rechtsstaatlichkeit lag nach erfreulichen Anfängen der Verfassungsgerichtsbarkeit unter Putin bald wieder im Argen (vgl. v. Beyme 2002). Konsolidierte Demokratien galten vor allem erfolgreich durch zwei wichtige Zukunftsgüter wie Rechtsfrieden im Inneren und Frieden mit den Nachbarn im internationalen Bereich (Höffe 2009: 310). Daher ist der „vorsichtige Optimismus" von Manfred G. Schmidt (2010: 490ff, 506) hinsichtlich der Zukunft der Demokratie zu teilen. Er hat einen wichtigen Beitrag geleistet, wie die detaillierteste und komplexeste Übersicht über die Modelle der Demokratie in der Diskussion, ohne uns ratlos vor der Komplexität zurückzulassen.

Wie der Begriff „Neo" bei den Strömungen in der Kunstentwicklung zunehmend unterschiedlichere Varianten umfasst, so dürfte auch eine politikwissenschaftliche Konzeption von Neodemokratie weit komplexer ausfallen, als der Drang nach handlichen Drei-Stadienlehren (Prä- bis Post-) in der Geschichte der politischen Theorien zugeben will. Zyklische Unterstellungen über „Life and Death of Democracy" wie sie Keane (2009) anbot, sind prognostisch ebenfalls nur von begrenztem Wert. Pessimistisch wurden Demokratieforscher vor allem durch den Reputationsverlust des Begriffes Demokratie als Wertorientierung in der neueren Umfrageforschung gestimmt (Buchstein 2011: 60). Einige Demokratietheoretiker seit John Dewey haben auf die Nähe von Relativismus und Demokratie gesetzt. Dem ist mit Recht widersprochen worden: „Die Korrektur- und Veränderungsoffenheit von Demokratien wäre sinnlos, wenn es keine objektive Außenseite demokratischer Verfahren gäbe, an der sie sich korrigieren lassen" (Möllers 2008: 44f). Da das Vertrauen in die Demokratie mehr als gefährdet erscheint, wird ein *neuer Gesellschaftsvertrag* propagiert, der die „Neuerfindung und Repolitisierung der Politik" ermöglicht. „Unsere postmoderne Moderne wird sich neu erfinden. Das war schon immer ihre Stärke (Embacher 2009: 129). Colin Crouch (2008: 31) hat trotz des pejorativen Begriffs Postdemokratie bereits ein abstraktes Modell anvisiert, indem wir uns über die herkömmliche Demokratie hinaus bewegen. Die Postdemokratie ist flexibler geworden und die Neodemokratie wird dies fortsetzen.

„Neo-Demokratie" wird sich vermutlich als analytisches Konzept so wenig durchsetzen wie die modische Theorie der Postdemokratie, weil es die Komplexität von Prozessen, die Schmidt so meisterhaft klassifiziert hat, nur schwer widerspiegeln kann. Eine „Neuentdeckung der Demokratie" ist auch von anderen Autoren prophezeit worden (Richter 2008). Angesichts des Rechtsfriedens im Inneren und dem äußeren Frieden unter Nachbarn, den die Demokratien verwirklichten und der zusätzlichen „Zukunftsgüter" wie zufriedenstellendes Existenzminimum, zahlreiche Bildungsangebote, zuverlässige Infrastruktur und gute medizinische Versorgung, die der Demokratie zugeschrieben werden, scheint die Zukunftsfähigkeit der Demokratie angesichts ihrer offensichtlichen Wettbewerbsvorteile unbestritten (Höffe 2009: 310ff).

Der Terminus „Neodemokratie" ist analytisch kaum brauchbarer als das Wort „Postdemokratie". Er kann aber als normativ gefärbter Gegenbegriff zur „Postdemokratie" Perspektiven ermuntern, nicht in der modischen Untergangsstimmung zu verharren und das Reformpotential von demokratischen Gesellschaften wissenschaftlich kompetent zu revitalisieren. Er wird sich vor allem mit Hoffnungen und Gefahren von zwei neueren Entwicklungen beschäftigen müssen: die Ambivalenz populistischer Bewegungen im Namen einer partizipativen Demokratie (Kap. 3), und die Chancen und Gefahren der neuen Medien (Kap. 2), die das System schrittweise in neue Möglichkeiten - aber auch in neue Krisen – führen können. Vielleicht lässt sich Demokratie nach außen am spektakulärsten als *Protest* legitimieren (Brown in: Agamben 2012: 70). Ein Ausbau der Neodemokratie wird aber über solche anomischen Initialzündungen hinaus harte Detailarbeit an der Reformpolitik bei Institutionen und Politikfeldern einbringen müssen.

Literatur

v. Alemann, Ulrich / Marschall, Stefan (Hrsg.): Parteien in der Mediendemokratie. Wiesbaden, Westdeutscher Verlag, 2002.

Beck, Ulrich: Gegengifte. Die organisierte Unverantwortlichkeit. Frankfurt, Suhrkamp, 1988.

Behrendt, Hermann: Die mandative Demokratie. Eine Realutopie. Düsseldorf, Hanneli Hahn, 2011.

Bender, Christiane / Wiesendahl, Elmar: „Ehernes Gesetz der Oligarchie": Ist Demokratie möglich? APuZ, 44, 2011: 19-24.

Benhabib, Seyla: Democracy and Identity. In: Greven, Michael Th. (Hrsg.): Demokratie – eine Kultur des Westens? 20. Wissenschaftlicher Kongress der Deutschen Vereinigung für Politische Wissenschaft. Opladen, Leske & Budrich, 1998:225-247.

v. Beyme, Klaus: The Russian Constitutional Court in an Uneasy Triangle between President, Parliament and Regions. In: Sadurski, Wojciech (Hrsg.): Constitutional Justice. East and West. Den Haag, Kluwer, 2002: 309-325.

v. Beyme, Klaus: Von der Sowjetologie zur Transitologie. In: Ders.: Vergleichende Politikwissenschaft. Wiesbaden, VS Verlag, 2010: 90-114.

v. Beyme: Klaus: Representative Democracy and the Populist Temptation. In: Alonso, Sonia/ Keane, John/ Merkel Wolfgang (Hrsg.): Representative Democracy. Cambridge, Cambridge University Press, 2011: 50-73.

Benz, Arthur: Postparlamentarische Demokratie? In. Greven, Michael (Hrsg.): Demokratie – eine Kultur des Westens. Opladen, Westdeutscher Verlag, 1998, 201-222.

Bofinger, Peter / Habermas, Jürgen / Nida-Rümelin, Julian: Einspruch gegen die Fassadendemokratie. FAZ. 4. 8. 2012: 33.

Brodocz, André, Llanque, Marcus, Schaal, Gary S. (Hrsg.): Bedrohungen der Demokratie. Wiesbaden, VS Verlag für Sozialwissenschaften, 2008.

Crouch, Colin: Das befremdliche Überleben des Neoliberalismus. Berlin, Suhrkamp, 2011.

Crouch, Colin: Kann der Markt moralisch sein? Die Zeit, Nr. 45, 2012: 62.

Crouch, Colin: Europa sichert unsere Autonomie. FAZ, 15. 8. 2012: 25.

Embacher, Serge: "Demokratie! Nein danke?" Demokratieverdruss in Deutschland. Berlin, 2009.

Fisahn, Andreas: Herrschaft im Wandel. Überlegungen zu einer kritischen Theorie des Staates. Köln, Papyrossa, 2008.

Forst, Rainer: Das Recht auf Rechtfertigung. Elemente einer konstruktivistischen Theorie der Gerechtigkeit. Frankfurt, Suhrkamp, 2007.

Fukuyama, Francis: Das Ende der Geschichte. München, Kindler, 1992.

Fuchs, Dieter: Kriterien demokratischer Performanz in Liberalen Demokratien. In: Greven, Michael Th. (Hrsg.): Demokratie – eine Kultur des Westens? Opladen, Leske + Budrich, 1998: 151-179.

Geddes, Barbara: What Do We Know about Democratization after Twenty Years? Annual Review of Political Science, 2, 1999: 115-144.

Gensicke, Thomas: Bürgerschaftliches Engagement in Deutschland. APuZ, Nr. 12, 2006: 9-16.

Graeber, David: Inside Occupy. Frankfurt, Campus, 2012.

Grande, Edgar: Reflexive Modernisierung des Staates. Zeitschrift für Public Policy, Recht und Management. 2008, H. 1: 7-28.

Greis, Georg (Hrsg.): Der gerechte Krieg. Basel, 2006.

Habermas, Jürgen: Faktizität und Geltung. Frankfurt, Suhrkamp, 1992.

Habermas, Jürgen: Zur Verfassung Europas. Berlin, Suhrkamp, 2011.

Hayek, Friedrich August von: Die Verfassung der Freiheit. Tübingen, Mohr, 1971.

Hayek, Friedrich August von: Die Anmaßung von Wissen. Tübingen, Mohr, 1996.

Held, David: Political Theory and the Modern State. Cambridge, Polity, 1989.

Helms, Ludger: Demokratiereformen: Herausforderungen und Agenden. APuZ 44-45, 2011: 12-18.

Höffe, Otfried: Politische Gerechtigkeit. Grundlegung einer kritischen Philosophie von Recht und Staat. Frankfurt, Suhrkamp, 1987.

Höffe, Otfried: Ist die Demokratie zukunftsfähig? München, Beck, 2009.

Höpner, Martin u. a.: Erweiterung, Vertiefung und Demokratie: Trilemma der europäischen Integration. FAZ 27. 4. 2012: 12.

Höreth, Marcus: Überangepasst und realitätsentrückt. Zur Paradoxie der deliberativen Demokratie in der EU. Zeitschrift für Politikwissenschaft, Jg. 19, 2009: 307-330.

Inglehart, Ronald: Modernization and Postmodernization. Princeton, Princeton University Press, 1997.

Issing, Otmar: Jeder muss sich selbst helfen. Der Plan einer politischen Union soll die Euro-Krise lösen – eine gefährliche Illusion. Die Zeit, Nr. 33, 2012: 23.

Jesse, Eckhardt / Sturm, Roland (Hrsg.): Demokratien des 21. Jahrhunderts. Opladen, Leske & Budrich, 2003.

Jörke, Dirk: Warum ‚Postdemokratie'? Forschungsjournal NSB, Jg 19, 4, 2006: 125-129.

Jörke, Dirk: Bürgerbeteiligung in der Postdemokratie. APuZ 1-2, 2011: 13-18.

Jörke, Dirk: Demokratie als Ideologie. In: Otten, Henrique Ricardo / Schmidt, Julia (Hrsg.): Kritik als Leidenschaft. Vom Umgang mit politischen Ideen. Bielefeld, Transcript, 2011: 169-180.

Keane, John: The Life and Death of Democracy. London, Norton, 2009.

Kersting, Wolfgang: Die politische Philosophie des Gesellschaftsvertrages. Darmstadt, Primus, 1996

Kersting, Wolfgang: Theorien der sozialen Gerechtigkeit. Stuttgart, Metzler, 2000.

Krück, Mirko / Merkel, Wolfgang: Soziale Gerechtigkeit und Demokratie. In: Aurel Croissant u.a. (Hrsg.): Wohlfahrtsstaatliche Politik in jungen Demokratien. Wiesbaden, VS, 2004 : 85-110.

Kymlicka, Will: Liberalism, Community and Culture. Oxford, Oxford University Press, 1989.

Limbach, Jutta: Es gibt keine europäische Identität. FAZ, 27. 8. 2012: 28.

Merkel, Wolfgang: Systemtransformation. Wiesbaden, VS Verlag für Sozialwissenschaften, 2010, 2. Aufl.

Merkel, Wolfgang: Die Krise der Demokratie als politischer Mythos. In: Bluhm, Harald u. a. (Hrsg.): Ideenpolitik. Berlin, Akademie Verlag, 2011: 433-448.

Merkel, Wolfgang: Volksabstimmungen: Illusion und Realität. APuZ 44-45, 2011: 47-55.

Möllers, Christoph: Demokratie. Zumutungen und Versprechungen. Berlin, Wagenbach, 2008.

Mouffe, Chantal: „Postdemokratie" und die zunehmende Entpolitisierung. APuZ 1-2, 2011: 3-5.

Münkler, Herfried: Lahme Dame Demokratie. Kann der Verfassungsstaat im Systemwettbewerb noch bestehen? Internationale Politik, Mai/Juni 2010: 10-17.

Münkler, Herfried: Die rasenden Politiker. Vom absehbaren Ende der parlamentarischen Demokratie. Der Spiegel, 29, 2012: 109-101.

Nida-Rümelin, Julian: Mit der Wahrheit lügen. Die Zeit, Nr. 3, 2003.

Norris, Pippa: Democratic Deficit. Critical Citizens Revisited. Cambridge, Cambridge University Press, 2011.

Offe, Claus (Hrsg.): Demokratisierung der Demokratie. Diagnosen und Reformvorschläge. Frankfurt, Campus, 2003.

Postdemokratie, ein neuer Diskurs? Forschungsjournal NSB, Jg. 9, 2006: 2-5.

Rathkolb, Oliver: Neuer Politischer Autoritarismus. APuZ 44-45, 2011: 56-62.

Rawls, John: Eine Theorie der Gerechtigkeit. Frankfurt, Suhrkamp, 1975.

Rawls, John: Die Idee des politischen Liberalismus. Frankfurt, Suhrkamp, 1992.

Richter, Emanuel: Die Wurzeln der Demokratie. Weilerswist, Velbrück, 2008.

Ritzi, Claudia / Schaal, Gary S.: Politische Führung in der "Postdemokratie". APuZ 2-3, 2010: 9-14.

Roller, Edeltraud: The Performance of Democracy. Political Institutions and Public Policies. Oxford, Oxford University Press, 2005.

Rorty, Richard: Der Spiegel der Natur. Eine Kritik der Philosophie. Frankfurt, Suhrkamp, 1987.

Rorty, Richard: Kontingenz, Ironie und Solidarität. Frankfurt, Suhrkamp, 1989, 1992.

Rosa, Hartmut.: Ideengeschichte und Gesellschaftstheorie. Der Beitrag der „Cambridge School" zur Metatheorie. Politische Vierteljahresschrift, Bd. 35, 1994, H. 2: 197-223.

Rosanvallon, Pierre: Counter-Democracy. Politics in the Age of Distrust. Cambridge, Cambridge University Press, 2008.

Schaal, Gary S. /Heidenreich, F: Einführung in die politischen Theorien der Moderne. Opladen, Barbara Budrich, 2006.

Schaal, Gary S.: Responsivität – Selbstzerstörerisches Ideal liberaler Demokratie? In: Brodocz, André u. a (Hrsg.): Bedrohungen der Demokratie. Wiesbaden, VS Verlag für Sozialwissenschaften, 2008: 353-369.

Scharpf, Fritz W.: Demokratische Politik in der internationalisierten Ökonomie. In: Greven, Michael Th. (Hrsg.): Demokratie – eine Kultur des Westens? Opladen, Leske, 1998: 81-103.

Schiffer, Sabine: Informationsmedien in der Postdemokratie. APuZ, 1-2, 2011: 27-32.

Schmalz-Bruns, Rainer: Reflexive Demokratie. Die demokratische Transformation moderner Politik. Baden-Baden, Nomos, 1995.

Schmidt, Manfred G.: Demokratietheorien. Eine Einführung. Wiesbaden, VS Verlag, 2010, 5. Aufl.

Sen, Amartya: Ökonomie für den Menschen. München, Beck, 2000.

Sen, Amartya: Die Idee der Gerechtigkeit. München, Beck, 2010.

Shapiro, Ian: The State of Democratic Theory. Princeton, Princeton University Press, 2003.

Skinner, Quentin: Meaning and Understanding in the History of Ideas. History and Theory. Bd. 8, 1969: 3-53.

(Sommer Michael, Spiegelgespräch): „Der Bürger wird entmündigt" Der Spiegel, 31/2012: 72-74.

Steinweg, Rainer (Hrsg.): Der gerechte Krieg. Frankfurt/Main, Suhrkamp, 1980.

Stoiber, Michael: Die Qualität von Demokratien im Vergleich. Zur Bedeutung des Kontextes in der Empirisch- vergleichenden Demokratietheorie. Baden-Baden, Nomos, 2011.

Sulik, Richard: Deutschland ruiniert sich. Die Zeit, Nr. 33, 2012: 11.

Urbinati, Nadia: Representative Democracy. Principles and Genealogy. Chicago, Chicago University Press, 2006, 2008.

Wagner, Thomas: Demokratie als Mogelpackung. Oder: Deutschlands sanfter Weg in den Bonapartismus. Köln, Papyrossa, 2011.

Wagschal, Uwe: Folgt das Volk? Abstimmungsparolen als Instrument von Überzeugungsstrategien in Schweizer Volksabstimmungen. Heidelberger Jahrbücher, Bd. 52, 2008: 73-92.

Walter, Franz: Im Herbst der Volksparteien? Bielefeld, Transcript, 2009.

Walzer, Michael: Spheres of Justice. A Defense of Pluralism and Equality. New York, Basic Books, 1983. Dt.: Sphären der Gerechtigkeit. Frankfurt, Campus, 1992.

Wir sind Europa. Manifest zur Neugründung der EU von unten. Die Zeit, Nr. 19, 2012: 45.

Zolo, Danilo: Die demokratische Fürstenherrschaft. Für eine realistische Theorie der Politik. Göttingen, Steidl, 1998.

Personenverzeichnis

Neu im Programm Politikwissenschaft

Göhler, Gerhard / Iser, Mattias / Kerner, Ina

Politische Theorie

25 umkämpfte Begriffe zur Einführung
2., akt. u. erw. Aufl. 2012. 435 S. Br.
EUR 19,95
ISBN 978-3-531-16246-1

Was sich hinter Begriffen wie „Demokratie", „Gerechtigkeit", „Globalisierung", „Krieg" oder „Macht" verbirgt, ist umstritten - besonders in der politischen Theorie. Anhand von 25 Begriffen, deren Bedeutungsgehalt in den vergangenen zwanzig Jahren besonders stark umkämpft war, führt dieser Band in verständlicher Weise in die wichtigsten Diskussionen und Positionen der politischen Theorie und Philosophie ein. Die Beiträge gliedern sich jeweils in drei Abschnitte: Zunächst verdeutlichen sie die Relevanz des verhandelten Begriffs für die politische Theorie und Philosophie sowie für die politische Praxis. In einem zweiten, besonders ausführlichen Teil werden die Hauptlinien der Auseinandersetzung nachgezeichnet. Drittens stellen die Autorinnen und Autoren eine eigene Position dar.

Boeckh, Jürgen / Huster, Ernst-Ulrich / Benz, Benjamin

Sozialpolitik in Deutschland

Eine systematische Einführung
3., grundl. überarb. u. erw. Aufl. 2011.
491 S. Br. EUR 22,95
ISBN 978-3-531-16669-8

Der Band führt systematisch in das breite Spektrum von Geschichte, Strukturen, Problemlagen, Lösungswegen und die europäischen Zusammenhänge von Sozialpolitik in Deutschland sowie in die Theorie des Sozialstaates ein. Der besseren Verständlichkeit dienen ausführliche geschichtliche Dokumente und aktuelle Daten zur sozialen Entwicklung bzw. zur Sozialpolitik. Gibt es Grenzen des Sozialstaates? Diesen sucht sich der Band im geschichtlichen Rückgriff auf die Weimarer Republik systematisch und sozialräumlich zu nähern.

Dingwerth, Klaus / Blauberger, Michael / Schneider, Christian

Postnationale Demokratie

Eine Einführung am Beispiel von EU, WTO und UNO
2011. 236 S. (Grundwissen Politik) Br.
EUR 24,95
ISBN 978-3-531-17490-7

Internationale Organisationen stehen im Zentrum der Diskussion über das „Demokratiedefizit" internationaler Politik. Während politische Entscheidungen zunehmend auf internationaler Ebene getroffen werden, zweifeln Kritiker immer wieder an der Legitimation dieser Entscheidungen. Das Buch führt ein in die Diskussion über demokratisches Regieren „jenseits des Staates", es stellt die Funktionsweise von EU, WTO und UNO vor und diskutiert, inwieweit das Regieren in diesen Organisationen demokratischen Grundsätzen genügt bzw. wie sich Demokratiedefizite beheben lassen.

Erhältlich im Buchhandel oder beim Verlag.
Änderungen vorbehalten. Stand: Januar 2012.

Einfach bestellen:
SpringerDE-service@springer.com
tel +49 (0)6221 / 3 45 – 4301
springer-vs.de

Springer VS

The manufacturer's authorised representative in the EU is Springer
Nature Customer Service Centre GmbH, Europaplatz 3, 69115 Heidelberg,
Germany. If you have any concerns regarding our products, please
contact ProductSafety@springernature.com

Printed and bound by CPI Group (UK) Ltd, Croydon, CR0 4YY

28/04/2026

02098532-0003